噴火で失われた美しい風景

八丁平《はっちょうだいら》（噴火で陥没する前の姿・カルデラ）「三宅村提供」

噴火で消えた三池浜の松並木「田中清二氏提供」

三宅島を代表する花と鳥

三宅島のシンボル花（ガクアジサイ）「三宅村提供」

三宅島のシンボル鳥（アカコッコ）「三宅村提供」

三宅島
噴火避難のいばら道
あれから4年の記録

村榮
Mura Shigeru

文芸社

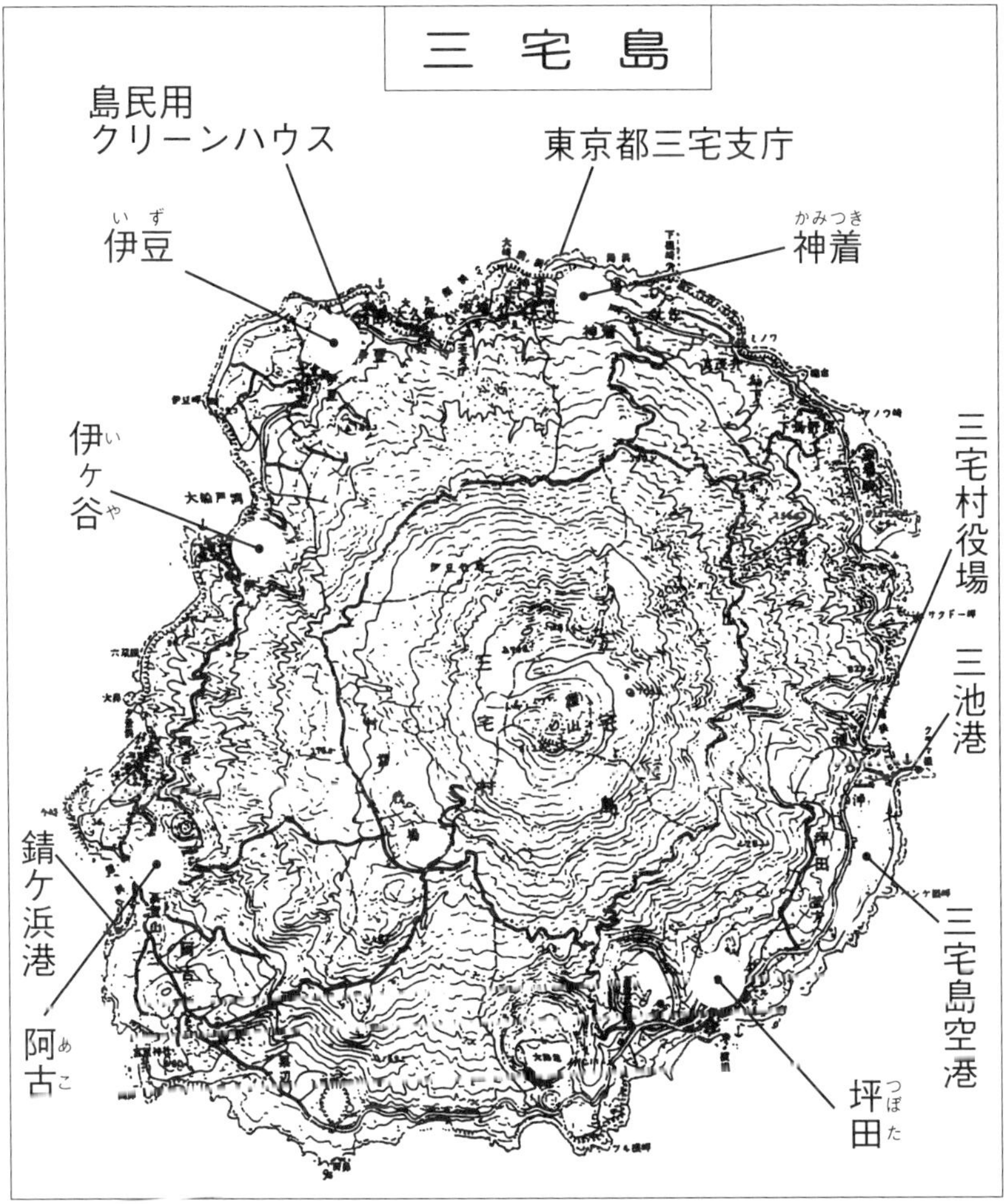

この地図は、建設省国土地理院発行の5万分の1の地形図を使用したものである。

昭和58年噴火前（『三宅島史』より）

三宅島は、東京都に属する伊豆諸島の一つ

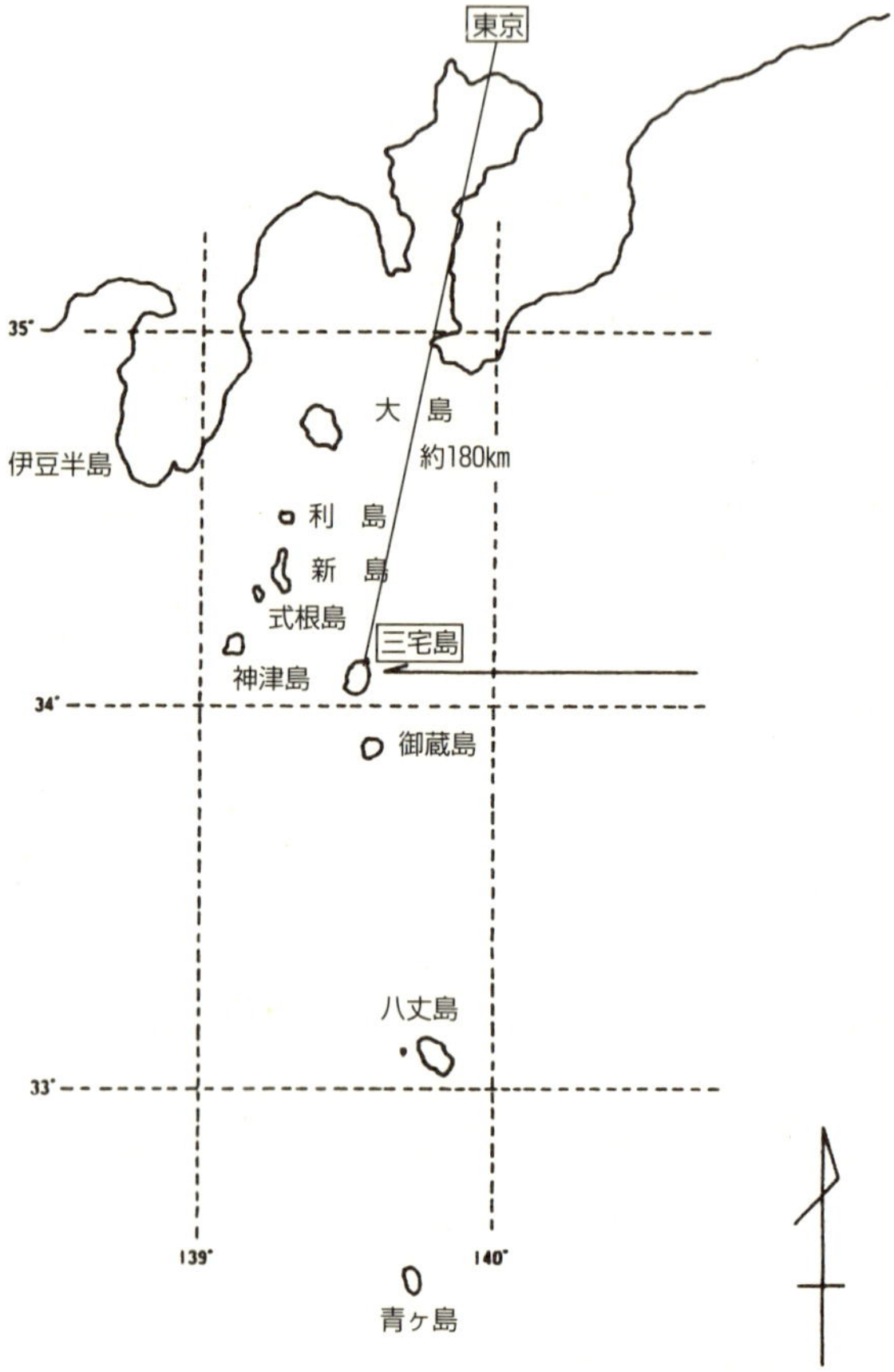

まえがき

三宅島噴火の始まりは、平成十二年六月二十六日である。九月四日の全島避難で無人島と化し、以後防災工事や視察・調査、島びとの一時帰島を除けば、原則立ち入り禁止となり、この夏で丸四年になる。

島びとは今、心も体も疲れきっている。予期せぬ避難長期化に対応できず、経済的にも精神的にも追い込まれた家庭の続出が辛い。生活困窮化で島びとの間にも生活格差が生じてきた。風土や習慣の違いに加え、自然から切り離された痛手は大きい。島のコミュニティも崩れた。

加えて隔てた海が往来を制約して、島の家屋の維持が難しい。留守期間が長引き、火山ガスの強い硫黄酸に侵され、台風や島特有の高い湿度で家屋は内外から朽ち果て始めている。戻る家を失えば帰島できない。手の届かぬ焦りもある。

支える法律は、災害救助法と被災者生活再建支援法だけだ。前者はいわゆるインフラ整備の復旧工事が主であり、後者は生活再建を図る一時的な支援だ。

今、島びとが望むのは、暮らしの支援と島の家屋の手入れであり、帰島、復興の具体的助けだ。

小さな島には政治を動かす力もないし、貧乏村で金もない。離れ島に幾代も過ごしてきた島びとには、世に訴える術《すべ》も持ち合わせぬ。

元来島びとは長い離島暮らしの歴史から、自給自足の知恵を育み、辛抱強く自然の苦難にも耐えてきた。本土の結《ゆい》に当たる助け合いも上手に生かしてきた。しかし、今の島びとはあまりにも細かく分散居住しており、助け合いも相談すらもままならぬ状況だ。

その島びとの九割は、東京の都営住宅空き家に入居し、残り一割は近県中心に全国に散っている。自宅や親戚住いはひと握りだ。

避難当初は、家賃免除や全国からの励ましに感謝し、義援金や厚意の品々に涙した。ボランティアにも助けられたが、避難長期化で世間から忘れられつつある。このままでは個人努力の解決に委ねられてしまう雲行きだ。

そこで島びとは、避難先ごとに自治会をつくり、その代表が定期的に集まって島民連絡会の組織でまとめ、活動している。ここでも分散居住が響いて島一丸の力強さが発揮できないでいる。島びとの結集にも、また帰島適わぬケースの先々を予想して、東京に三宅村つくりを望むのはそのためである。

火山活動は終息のめどが立たず、帰島の当ても定かでない。でも、島びとのふるさとへの思いは強く、復興にも夢を託している。

噴火での避難指示は、遅過ぎたが当然だ。だが、その後避難が長引き、「暮らしは自分で頑張れ」では、あまりにむごい。まして渡島制限の中で島の家屋保守は「自力で」と言われても途方に暮れる。これは無理だ。暮らしに困る人に金はない。老いて動けない人はどうなるのだ。自然災害とはいえ、行政命令を出した側にも相応の対処を求めて当然と考える。

私は行政や世間の関心の風化を恐れる。三宅島噴火と今なお続く長期避難の現実を改めて理解してもらいたく、またそのことを世に訴えたくて、避難途中の経過報告の形で島びとの視点からまとめたのが本著である。

記録形式とはいえ、四年間に一時帰島できたのは十二回だけだ。それも日帰り中心で、滞在は一回に六時間ほどだ。港と自宅しか立ち寄りは許されていない。そのため、島や避難の様子は、私の体験と知り得た情報を電話や手紙で確かめる形が多い。私の体験以外は、典型例で全体像を推論する結果となった。私の置かれた立場上、この点をご理解いただきたい。

島びとが帰島復興を果たすまで、改めて温かいご支援をお願いする次第である。

なお、本著で扱った期間は十二年六月末から十六年六月までの四年間である。

平成十六年六月末　　村　榮

●三宅島　噴火避難のいばら道――目次

第一章　噴火と脱出

一　噴火の始まり
……「噴火だ」「避難だぞ」……

「そろそろだなあー」

「おーよ、なければよいがに」

島びとが温泉で時折話題にし始めていたその矢先、前触れもなく噴火は先手を打って突然に襲ってきた。平成十二年六月二十六日夕刻間もない頃のことである。

前回の三宅島噴火は昭和五十八年十月で、十七年経過していた。およそ二十年周期で噴火を繰り返す火山島である。今の年寄りは、昭和十五年、三十七年と併せ、今回で四度も経験しているのだ。

三宅島噴火の特徴は、山腹割れ目噴火が多く、噴火・降灰は激しいが溶岩はゆっくり流れ下る。海岸までの距離が短いため、逃げ遅れると命とりになる。降灰や噴石落下の被害は風向き次第で範囲は限られている。そして、短期間で終息するのが通例だ。

前回五十八年の噴火では、阿古《あこ》地区の大半が一夜で溶岩に埋まったが、皆無事逃れた。被害を受けた地区は、運が悪かったで済まされる火山と共生する宿命の島なのである。

さて、今回の噴火の始まりに戻る。

その夜、私は早々と床に就いていた。八時半頃だろうか、各戸設置の室内有線放送が、「山にいる人は、至急家に戻って下さい」と告げていた。この暗闇の中、まだ山仕事に精出す人がいて、家族が心配しているのだろうと聞き流していた。ところが続く放送内容は一変した。「雄山《おやま》噴火予告と阿古地区住民への緊急避難勧告」だ。私の住む家がその阿古なのだ。

隣り坪田地区の知人広井誠二さんが、テレビを見ていたらしく電話を寄こした。「阿古だ。噴火は海に近いぞ。早く逃げろ」と。

私は、「おお」と応え、非常バッグを持ち出し、万一の噴石に備えて雨戸を閉めた。隣家の人も「噴火だ。避難所に集まれ」と知らせに来た。「わかった」と応えてからが手間どった。

裏庭の土手上で、その日山積みの雑木に火をつけたまま放置してあったのを思い出した。日頃の習慣であるが、さすがに放ってはおけないと思い、長いホースを伸ばして焚火《たきび》消しに取りかかり、すっかり時間を費やした。

その間、有線放送は坪田地区の避難も叫び始めていた。繰り返し繰り返し聞くほど残り火始末に手間どり遅れてしまった。

もう避難用バスは出てしまっただろうと、車を出して指定場所の三宅小中学校に向かった。しかし、そこは満員で入れてもらえず、警官の指示でさらに遠い神着《かみつき》地区の勤労福祉会館へと走った。

あとで知ったが、そこは老人ホーム入居者と阿古・坪田両地区の遅刻組バス二台の避難者収容先だった。

広々とした体育館には畳が敷かれ、支給の毛布をゆったり敷いて休めた。しかも空調施設付きだった。翌朝からは簡易食も出た。

急ぎ設置のテレビには、三宅小中学校の超満員の様子が映っていた。暑さと乾パン食に年寄りは泣いていた。私の方には、新聞や手紙まで届いていた。天国と地獄の差だ。人生落ちこぼれの今様《いまよう》流人《るにん》は、なんと天国の方に収まり、以後四泊五日の優雅な避難生活を送った。

この避難には、さらに伊ヶ谷《いがや》地区も加わり、皆固唾《かたず》をのんで噴火の行方を見守ったが、島もろとも建物が激しく揺れ続けるばかりで火は噴かなかった。

翌朝、雨の中を海の見える場所に出て驚いた。島の北の沖には、テレビの報じる通り、自衛艦や巡視船が十数隻も泊っていた。空には、飛行機やヘリが群れ飛んでいた。国や都の素早い対応が心強く、胸に安堵感が満ちた。敗戦後の惨めな中国人連生活を思い、ここは日本だ。自衛隊が助けてくれるのだ、と嬉しかった。

私はこんな最中でも身の周りの見聞を克明にメモしておく日記癖があり、今それを開いてみると、翌日には診療所の新井《あらい》医師が薬切れを心配して巡回に見えたとか、前夜からの火山性微動が千八百回との気象庁発表や食事献立まで記されている。テレビからは、地震速報が震度4・3・2と次々流れていた。

避難二日目の六月二十七日には、島の西海岸沖三百mと千六百mの海底噴火が確認発表された。三宅島は海底深くからそそり立つ形で、その上部八百m余が海面上の島となっている。だから、海底噴火を火山学者は三宅島火山特有の山腹割れ目噴火と理解したのだ。

しかし、私も含め島びとの多くは見えない海中のことは分からないし、暮らしに影響もなく、この最初の海底噴火を以後五回続く噴火には数えないことにしている。

二　いらだち

……「どうなるだ」「山に聞いてみろ」……

いらだちの原因は、絶え間ない連続地震と一向に起こらない噴火にあった。

避難四日目には、石原都知事が訪れた。避難所で私は一番前に座わって聞いていたので、取材カメラに映っていたらしく、金沢や松江に暮らす小学校友だち高畠《たかばたけ》永之君や杉元節子さんから後日、生きていたなと見舞いの便りを貰った。引き揚げ後、数えるほどしか会っていない半世紀も昔の幼《おさな》友達からの便りは実に嬉しいものだった。

そのテレビは、マグマの移動が山頂には向かわず、島の西の海底を抜けて、北西の神津島《こうづしま》・新島《にいじま》に進んでいると伝えていた。

この日は、島の東にオープンして間もない逢《あい》の浜湯《はまゆ》温泉にバスで送迎され湯浴みして気分がよかった。途中バスの窓からは、東の沖にも艦船が多数見えた。沿道には、自衛隊や消防庁の大型車輌も配置されている様子がうかがえて頼もしかった。島の北、大久保浜沖に停泊する揚陸艦一隻に全島民が収容できるという。そのことも心強く、避難先で安眠できた。

そして、この日夕刻、予知連（火山噴火予知連絡会の略）が島の東部は安心との見通しを発表すると坪田や三池地区の人たちは早々と自宅に戻って行った。続いて、その夜遅くに予知連の「安全宣言」が出た。阿古・伊ヶ谷の人たちも深夜の道を自宅に急いだ。阿古の地割れや断水の知らせもあって、私らはさらに一泊し、夜道の危険を避けた。

避難所からは、雄山山頂が厚い雲に隠れて見えず、激しい地震ばかりの噴火しない騒動で終わった印象の数日であった。一人

噴煙（2000年７月15日：坪田より）広井誠二氏提供

の死者・けが人もなかったのは、まことに幸運だった。

ところが無事避難終了とは裏腹に五日ぶりのわが家には驚いた。庭の地面には亀裂《きれつ》が何本も東西に走り、家の基礎やコンクリート擁壁《ようへき》にもひび割れが数多く見つかった。前の道路では水道管破裂で水が溢れていた。その地割れをたどって行くと、狭い帯となり海岸まで達していた。途中の一軒は、土台が沈んで家がゆがんでいた。数日後気付いたが、わが家の障子や襖《ふすま》の何枚かは滑りが重く動かなかった。戸車付き引戸は自然に走っていた。

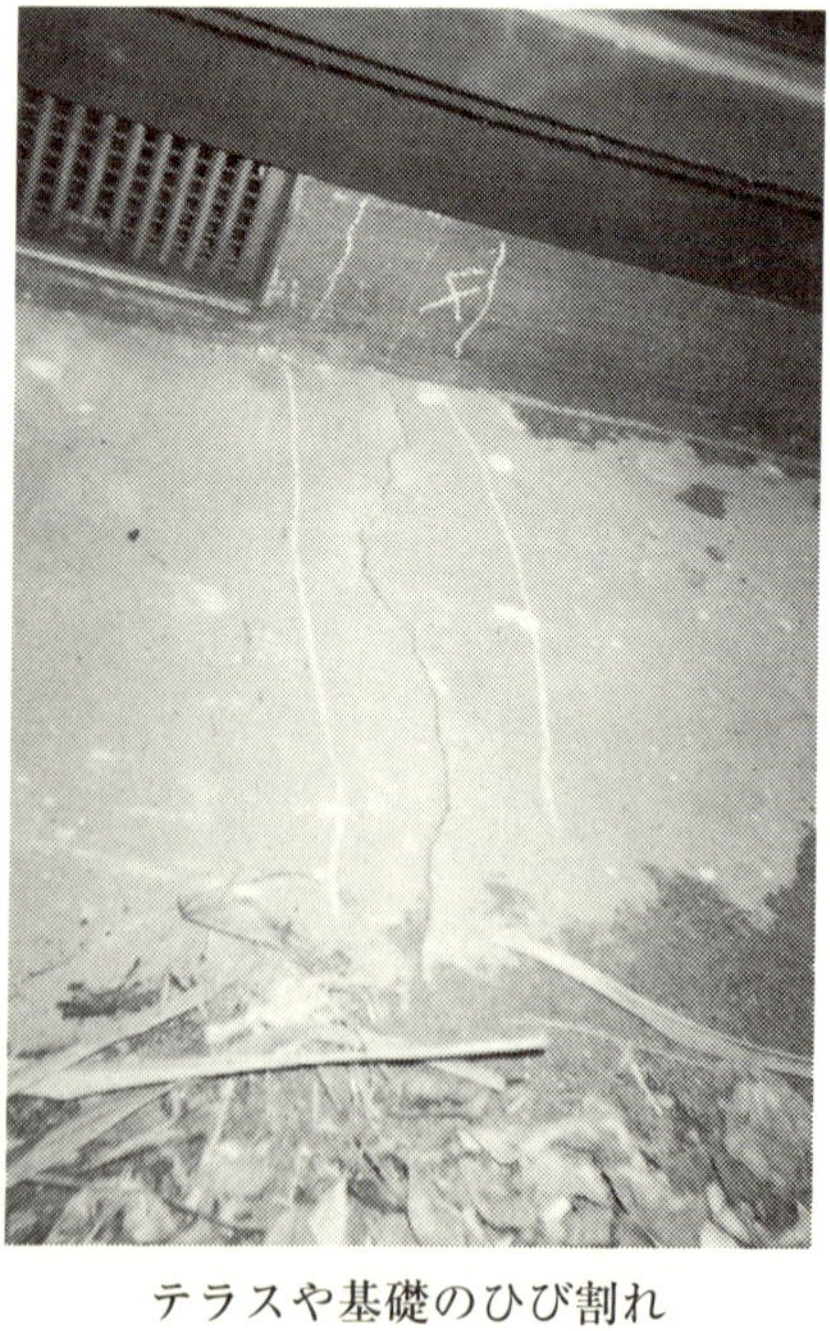
テラスや基礎のひび割れ

これらの結果から、なんとマグマ火道がわが家の地下を通っていると推論できた。優雅な避難生活の間になんということかと、噴火の神様の意地悪に長嘆息したものだ。もし、マグマ火道の気紛れでわが家の下が噴火したら、私は家ごと火柱で飛び散るか、逆に火の穴に溶け落ちることになる。いくらのんき者でも考えるほどに身が震えた。そんな場所に長年住み暮らしていたとは、思いもよらぬことだった。

阿古地区の断水はその後も続き、復旧したのは七月八日だった。わが家には雨水を貯める天水《てんすい》井戸があって、家や温室に引いてあり困ることはなかった。この水道回復により温泉も再開し、やっと日常生活に戻れた。

しかし、この間も激しい地震は間断なく続き、震度3・4の揺れは反復学習の効果で言い当てられるまでになった。そして、あまりの頻度からテレビ画面の震度1・2は消えた。強い揺れのたびに裏山の無線鉄塔のきしむ無気味な音が暫く鳴り響いて地震音が実感できた。日常との違いは、見舞いの電話や便りがどっさり届き、気遣った方々にお礼の便りをせっせと書き続けていたことだ。世をすねて離れ島に暮らす私をこんなにも多くの人たちが心配していて下さったのかと嬉しい思いや感謝でいっぱいだった。

島びとたちは、今回の噴火は揺れてばかりで火も噴かず気味が悪い。何か変だ、と安全宣言を出した予知連の火山学者を疑っていた。私も同感で、新聞やテレビの解説をいくら見ても、知識がないのとは別に実感として、マグマ活動の盛んなことと安全宣言とはどうしても結びつかなかった。

気の毒だったのは、三宅島の北西に位置する神津島《こうづしま》・式根島《しきねじま》・新島《にいじま》の人たちだ。震度5弱・4・3と競うように揺れ続け、七月一日には神津島で地震の崖崩れによる死者一人が出てしまった。最初の犠牲者が噴火の三宅島ではなく、他の島だったことは、伝え地震のマグマのいたずらとはいえ、何ともやりきれないものだった。

火山学者の間でも、近年群発地震の多い隣り島自身のマグマだ、いやプレート地震だ、三宅島のマグマが海底を北西に進み刺激して起こったのだと、説は様々で判断には幅があった。

伊豆の島々は、いずれも富士火山帯に属し、神津島は承和五年（八三八年）、新島は仁和二年（八八六年）にそれぞれ大噴火を起こし、俗に軽石と呼ばれる流紋岩質の白い火山灰は関東地方にまで降り注いでいるので、私には近隣の島をも巻き込む騒ぎになるのかなと一抹《いちまつ》の不安が過《よぎ》ったものである。

三　島内避難地獄

……「また避難かよ」
「疲れたなー」……

その激しい地震連続の中、七月八日夕刻最初の雄山《おやま》（八一四ｍ）の山頂噴火があった。島びとには噴火は目認できず、噴煙も火柱も梅雨末期の厚い雲に覆われて山頂とともに見えなかったが、降灰は島の北東部島下《しました》一帯に降り積もり、やっぱり噴火したのかと首を傾《かし》げるような納得だった。その島下から三池地区一帯に避難勧告が出た。これが島内避難地獄の皮切りになろうとは誰も思い及ばなかった。

以後、この地区の人は噴火や大雨泥流《でいりゅう》による道路切断でたびたび避難を繰り返した。そこはずっと風下で降灰・泥流不運に見舞われていて気の毒だった。

島びとの中には、過去の例からこの噴火でやっと騒動も収まるのではないかと一種の安堵感さえ漂ったほどだった。島びとが抱いていた安全宣言を疑う不気味な予感が当たってしまったのだ。

しかし、この噴火でも地震は止まらず激しく揺れ続いた。

隣りの神津島では、七月九日の震度6弱で島びとの1／4が島を離れたとニュースに載り、三宅島の人をも、さらなる不安に陥れていった。神津島では、すべての学校で一学期の繰り上げ終業式を行い、早々と夏休みに入った。あとから思うと、賢明な措置だった。神津島では七月十日から十二日までの間に二百回以上も揺れたという。

三宅島は、そんな騒ぎの中、七月十四日未明に雄山山頂で二回目の噴火があった。そして、この日だけでも千五百回も揺れた。噴火は翌日も続き、地震回数千九百回の発表に島中が不安に包まれた。降灰は神着地区を襲い、避難勧告に嘆き節が加わってきた。やはり、山頂は雲で見えず噴煙さえ確かめられなかったが、降灰が噴火を証明していた。

私も島びと同様に見えない山頂への不安といらだちから、いったい島の火山活動がどうなっているのか訳が分からなくなってしまった。降灰の地区は、ずっと南風の風下になり、避難勧告による道路封鎖でその様子を確かめにさえ行けなかった。

その間、私の住む阿古地区は激しい連続地震を除けば、風上の幸運で降灰もなく、ただ呆然と空・海を眺めて無為《むい》に過ごすだけだった。

同じ頃、新島では震度6弱の強い地震で若郷《わかごう》地区が孤立し、海上ルートで島びとが救出されていたし、式根島では震度5、神津島は震度4と激しく揺れて家屋や道路に被害も出ていた。これらの島では、噴火こそないけれど、不安に駆られて、新島では島びと・観光客ら四百四十人が翌日には島を離れてしまった。

三宅島のマグマの影響かは依然不明だが、近隣の島々の騒動の大もとは三宅島にあるように思えて、自然現象とはいえきっと恨まれているだろうと重い気分に沈んでいった。

災害救助法の適用は、三宅島だけではなくこれらの島々にも広げられていた。

三宅島の噴火当初から一カ月間の地震は、震度4以上が百五十回と発表されていた。

七月に入って温泉が再開されたり、島一周道路が確保されたりと明るいニュースの反面、風向き次第ではわが家にも降灰が心配されるようになってきた。

飛行機の運行も不安定になり、船に頼ることが増えてきた。学校は夏休みに入るので、親は子供を手元に置いて安心だが、島の主力産業の観光はもう期待が持てない危機にあった。農漁業も同様で、先行きの心配が先に立ち、島中がそわそわと落ち着かなかった。

それは近隣の地震に揺れる島々も同様であったと思う。その心配・不安は的中。伊豆諸島全体から伊豆半島の夏の観光にも及び始め、各地で観光ダメージの悲鳴が上がりだした。

この頃になると、地震は横揺ればかりになり、初期の縦揺れから横揺れに移るケースは姿を消していた。

七月二十六日には、夏の台風6号で島の北東部に泥流が発生し、付近一帯の住民に避難勧告が出た。雨による泥流繰り返しの始まりで、道路切断のため逃げ場も狭められたし、バス運行も限られ、降灰除去どころではなくなってきた。島内避難の繰り返しに島中が困惑し、不安が増す一方の暑い暑い夏になった。島内生き地獄の始まりである。

本土に親戚を持つゆとりの家庭では、子供や年寄りを万一に備えて送り出していた。打ち続く激しい地震と説明のつかない噴火、加えて島内避難の繰り返しで島びとの疲れと戸惑いは増す一方で、混乱は生活全般を覆い始めた。情報不足が混乱を募らせていた。

そんな折、七月三十日三回も大地震が発生、島中が腰を抜かした。けが人・死者のなかったのが不思議なほどの幸運だった。

朝九時十八分震度5強、夜九時二十五分震度6弱、すぐ続いて震度5強の激しい揺れに庭へ逃げ出すゆとりさえなかった。もうメチャクチャ。六月二十六日の噴火騒ぎ以来、震度4までの体験学習は十分積み慣れていたはずだった。その程度なら逃げずに済む度胸もついていた。その自信を覆したのがこの大地震だった。震度ランクが二つ三つ上がると、もうパニックで体が動かない。そこら中の物が飛び散り、音も凄い。怖さと迷いで腰は浮

郵便はがき

料金受取人払

新宿局承認

3396

差出有効期間
平成18年12月
31日まで
(切手不要)

1608791

843

東京都新宿区新宿1－10－1

(株) 文芸社

ご愛読者カード係 行

お名前《ふりがな》			明治 大正 昭和 平成 年生 歳	
ご住所《ふりがな》	□□□-□□□□		性別 男・女	
お電話番号	(書籍ご注文の際に必要です)	ご職業		
E-mail				
書名				
お買上書店	都道府県 市区郡	書店名	書店	
		ご購入日	年 月 日	

本書をお買い求めになった動機は?

1. 書店店頭で見て　2. 知人にすすめられて　3. ホームページを見て

4. 広告、記事(新聞、雑誌、ポスター等)を見て (新聞、雑誌名　　　)

上の質問に 1. と答えられた方でご購入の決め手となったのは?

1. タイトル　2. 著者　3. 内容　4. カバーデザイン　5. 帯　6. その他(　　　)

ご購読雑誌(複数可)	ご購読新聞 新聞

くが足が動かない。居間から逃げれば前は庭だ。その庭を見ながらデッキチェアの肘掛けにつかまったままだった。ほんの十秒ほどの時間である。

八月四日、東大地震研究所（以下、地震研）の中田節也先生が雄山山頂で行った火口レーザー測定の結果は、衝撃的な発表だった。

火口直径一四〇〇m、深さ四五〇mの、風呂桶のような巨大陥没の穴ができたというのだ。山頂カルデラの中は外輪山に囲まれており、登らなくては見られない。その山頂は厚い雲に包まれて、私の住む阿古地区からは最初の避難以来ずっと見えないままだ。しかも危険との理由で中腹以上への立ち入りは厳しく規制されている。観測のヘリが飛んでも雲に隠れたカルデラの様子は、全く伝えられていなかった。

あとで知ったことだが、予知連の発表では噴火のたびごとに山頂カルデラは、一〇〇m単位で沈んでいたという。この目で見ないと信じられないような事態だった。記憶に残る国立公園自慢の美しい別天地「八丁平《はっちょうたいら》」は、完全に消滅していたのだ。

そこは、私の家から直線で四㎞ほどの場所だ。そんな近くで自然の大変化が起きていたのを知らなかったとは、なんとも怖い話だ。

これで激しい地震の繰り返しも、火を噴かぬ噴火も素人なりに理解できてくる。暮らす家のすぐ近くにマグマの大穴があり、激しく活動していると分かれば恐怖はさらに募って体中を走る。いくらのんき者の私でも、さすがに震えた。

早速、疑問点を整理して書き出した。すぐ近くの親しい民宿「ほまれ」さんに地震研の先生方が入れ替わりながら泊り込んでいるのを思い出した。これ幸いと先生方の暇な折に質問のチャンスを伺ってと頼み込んでおいた。

八月九日、避難以来初めて島内一周の道路が再開された。それはたった一日限りのことで、翌日から再び切断され、以後私の島外脱出まで回復することはなかった。また、私が噴火以来初めて山頂を見た日でも

ひょうたん山の惨状(2000年8月9日)：再開された一周道路から

あった。チャンスを逃さず、カメラとメモ帳を持って島一周を試みた。山の反対側の惨状は、伝え聞く以上のものだった。屋根から降ろされて袋詰めになった灰袋の白い山積み、泥流で深く抉《えぐ》られ傷跡生々しい沢《さわ》、鳥居の額が辛うじて残る泥流に埋まった神社の境内、緑を失い月世界のように姿を変えたかつての観光名所など、漢書に載る「百聞は一見に如《し》かず」とはこのことかと魂消《たまげ》た。狭い島の中でも、交通が遮断されるとこのような情報不足の盲目同様の状態に陥るのか、と改めてショックを受けた。

　その翌日の八月十日朝、雄山山頂は三回目の噴火を起こした。噴煙は三〇〇〇mにまで達した。私が初めて見た噴火だ。視界よく確かめられたが、もくもくと急速に立ち上るのは黒々とした煙ばかりで、

泥流に埋まった椎取神社の鳥居
(2000年8月9日)

火柱はなかった。密かに期待していた噴火とは異なったが、記録のためカメラを持って走った。でも、被写体はあまりにも大きく、間近だったので、全体像は撮れなかった。台風とは違うマグマの威力に感動して、唯ただ眺めているばかりだった。

避難したのは、やはり北の神着《かみつき》地区から東部の三池地区で、たび重なる災いにこれらの地区の人々の疲労はいかばかりかと気の毒でならなかった。同時に風上の私の運のよさも、いつかは尽きることを感じ始めていた。

その降灰・泥流被災地に行政の指揮をとる役場があり、三池港や空港があるので、万一のことを考えると背筋が寒くなった。この先は、自分の身は自分で守らねばならないことを漠然と思い始めていた。それは島びとの誰もが同じく懸念していたことだった。

山頂噴火は、白い蒸気に変じ翌日も続いた。折悪《あ》しく台風9号の接近で海空ともに荒れ、船も飛行機もこの十一日から三日間欠航した。

台風の大雨泥流を心配して、北部の神着地区の避難は続いた。その地区にある診療所まで閉鎖されたので、薬を飲む私や同じ境遇の人たちは、先行きどうなるのかと気をもみだした。島には、医療機関はここしかないのだ。

そして雄山山頂からの噴煙は、この頃から断続的に続き始め、地震も一向に止む気配はなかった。深刻さは、島びとの動きをあわただしくさせる一方だった。私の覚悟も次第に固まっていくのを感じた。逃げようと。

このような時に必要なのは情報である。分かりやすい情報さえ流してくれれば、人それぞれに判断して自己責任で動くことができる。役場は行政上の立場から、今どうなってお り、どのように対処して命や暮らしを守ろうとしているのかを説明してほしかった。

島には測候所もある。防災マップの再確認や気象庁・予知連の判断から火山活動の現状を正確に流してもよかったのではないか。空港や港からは、万一に備えて、その日の発着予定を伝えるべきではないか。混乱しているこんな時こそ、村議会は島びとの心配を役場に届け、行政の対応を促してよいはずだと。最初の避難の折、即座に救援に来た自衛隊も肝心なのは今なのに、その姿はなかった。予知連の「安全宣言」で引き揚げたままだった。

因みに新村長は、先月の七月十二日災害騒動の中、対立候補もなく無投票で初当選したばかりである。伊ヶ谷出身の長谷川鴻《こう》氏だ。

八月十三日心配は的中した。台風9号で風向きが一変し、強い北東風となった。島では「ナライの風」と呼んでいる。このナライで今まで無事だったわが家も、以後ずっと降灰泥流被害の続く地獄暮らしへと突入していった。

この日午前中は穏やかで、近所の民宿「ほまれ」さんを常宿《じょうやど》にされる地震研の中田節也先生、北大の西田泰典先生から私の質問について三宅島火山の概要をていねいに解説してもらった。初対面で日本を代表する大学者から直接説明を受けられるとは、島ならではのことである。これでかなり火山活動の疑問点が理解できたが、不安が解消できたわけではなかった。

十三日午前中は、予報通り一二〇㎜の豪雨。南西風で降灰もなかった。風雨とも昼頃いったん止んだ。これが「台風の目」と呼ばれる中心通過の風向き変化の前触れだった。台風9号の伊豆諸島通過だ。午後三時頃からまた強い雨になり、恐れていたナライ風に変わった。そして夕刻五時四十五分からのわずか二十五分だが雨に混って重い噴火の灰も降ってきた。辺りはうす暗くなり、たちまち灰白色の景色に変わった。

天水井戸に泥灰が流れ込んではと気付いて、雨樋《あまどい》の切り替えに庭へ飛び出した。ほんの二～三分の庭作業で全身茶褐色の泥まみれになった。それでも、まだ私は事の重大さに気付かなかった。

有線放送は、「阿古地区降灰・泥流注意」を繰り返していた。続いて「鉄砲場《ば》～富賀《とが》神社間の交通止め」も伝えていた。

私はシャワーで体を洗った後、この大雨が降灰をきれいに洗い流してくれるだろうと気にもせずにいた。その後、停電となり、これ幸いといつもの早寝の床に入ってしまった。その停電も「鉄砲場」の泥流で電柱が倒れたぐらいにしか受け止めていなかったのだ。自称のんきな今様流人暮らしの甘い夢であったのを思い知らされたのは、翌朝のことである。

翌十四日早朝、戸外はいかにと玄関戸を開けて息を呑んだ。泥にまみれた灰白色の世界は、前日のままそっくり残っていたのだ。見るも無残な泥一色の光景に思考が停止してし

大噴火（2000年８月18日坪田より：広井誠二氏提供）

まった。粉のように細かい火山灰は、水を吸って粘土状になり、木の葉の裏まで厚くへばりついていた。木の幹にも屋根にも壁にまで厚くくっついているのだ。その重さで大木の枝は頭を低く垂れ、道路は両側の木がお辞儀をしたように枝先を地面につけて、人も車も塞《ふさ》いでいた。道の先が見通せないのだ。太い枝は、股が裂けていた。歩くと粘っこく靴について離れず沼地を歩くように足をとられた。滑って歩けるものではなかった。

　庭で計った総雨量は、一七〇㎜だったから、降灰と一緒に降った雨は五〇㎜になる。阿古地区は、泥沼の中に音もなく死んだようにひっそりと沈んでいた。夜

自宅前の降灰風景（2000年８月14日）

明けを告げる賑やかな野鳥の声もなかった。昨夜の停電は、電線に付着した降灰の重みで切れたに違いない。

後日、乾いてから計った泥層の厚さは二cm弱だった。雨なしの粉雪状の灰だけだったら、どのくらいの積もりであったのだろうか。

母屋の屋根を見上げて大きな溜息をついた。どうしたものかと思案に暮れてしまった。片づけねばならぬことは分かるが、屋根は高いし、滑るのも恐い。島中がこんなでは、助けも呼べない。神着の人たちの嘆きがやっと実感できた。郵便配達さんから「三池地区の人が三度灰下ろしをするのを見たよ。噴火が終わるまで放っとけ。腰を痛め、けがをするだけ損だよ」と言ってくれた意味も分かった。

体験した後で理解する情けない体質だ。でも重い屋根灰を放ってもおりず、思い迷った末に安全確保で試みた。対象は母屋のみ。温室も車庫もあきらめた。

運よく晴れた青空の下、先ず母屋大屋根から灰下ろしに取り組んだ。命綱の長いロープを二本身に付け、棟を跨《また》いで両側に振り分けた。その末端をそれぞれ地上の固定物に縛《しば》る。これなら屋根で滑っても途中で止まる。次は灰下ろし方法だ。長いホースを棟まで上げて、水圧で洗い流すことを思いついた。板壁や窓ガラスで試した結果のことだ。うまくいった。

泥沼の庭を長い梯子《はしご》運びで苦労した。これも動かぬようロープで固定する。老いた身の独り仕事だ。屋根には決して登らぬと決めていたのに、この際は仕方がない。少しずつ洗い流しながら道をつくり棟に達した。そこに跨がると安定して作業できた。この準備だけでも幾度登り降りしたことか。ここが独り者の辛さだ。家族がおれば、どれほど無駄な労力が省けたことだろうとつい愚痴も出る。蛇口の栓ぐらいなら誰でも開けられるのにと。

私は、青春の苦い恋の失敗に懲りてずっと独りでいた。島に渡り周囲の声に押されて家庭を持ったものの長くは続かず、子供もなかったことから独り暮らしに戻っていたのだ。

灰下ろしに戻って、ホースの先には温室で使う撒水ノズルを付け、勢い鋭く消火ホースの要領で始めた。分厚く湿った泥灰は、みるみる溶けて流れ落ちた。成功だ。力も要らず独りで片づいた。屋根も傷まない。庭に落ちた泥水は、いずれ何とかなるだろう。緊急時にそんな後始末までは考えず、知らぬ顔の半兵衛を決めこんだ。

そのうち、欲が出て樋の洗い落としにまで手を出した。軒先まで降りるのは、ロープが守ってくれても実に怖い。幸い夏の晴天だ。トタン屋根は、熱く焼けて水はすぐに乾く。滑らない。

屋根灰下ろしで苦労した神着地区の話を聞いていた。角スコップを使うと、波板の谷間の灰は残るし、釘の頭を削り取って釘打ち直しも大変だ、と。竹ぼうきでも、うまくはいかなかったとも。数人がかりの大仕事を独りでやり遂げてしまった。鬼飾りの隅々まで水はきれいに洗ってくれた。屋根も傷めず大成功に満足した。

新しい発見もあった。激しい地震の連続でトタン釘があちこちで浮いているのだ。放置すると台風の折、トタン板がまくれる原因になる。これは、知人の屋根職に頼もう。

さらに欲が出て、屋根のあと、庭を回りながら軒下の板壁や窓ガラスすべての泥落としをやってのけた。雨合羽《あまがっぱ》に長靴姿でだ。

日記を読むと、昼過ぎまで四時間半を要したとある。

悲劇の翌日に大仕事が片づいてほんとによかった。これで重い泥灰に家を潰されずに済む。青春時代の引き揚げ先、雪国での屋根雪下ろしの生活体験が役立った。

日記の続きには、阿古地区の降灰被害区域は、約五〇〇m幅で山裾から海岸までベルト状に伸び、他は被害軽しとある。庭で五cmの泥灰もテレビ記者某がそのベルト末端の船着場で計った厚さは二cmと伝えていた。降灰ベルトは、台風の通り道と似ているようだ。

ひと息ついてから庭の植物を調べると、ひどいものだった。葉の表も裏も泥に覆われているのだ。湿った細かい灰は霧状に舞ったものと思われる。枯死は確実だ。葉の表は光合成ができず、裏は気孔が塞がれて呼吸できない。寒さの前に新芽が吹くか疑問だ。樹木は幹と根が残れば再生可能だが、花や野菜は全滅だ。

サトイモも茎から折れ、哀れだった。それまで神着の人からサトイモの葉には灰も積もらず無事だと聞いていたが、阿古では降灰もなく確かめられなかった。今回は泥灰で別のケースだ。

この後の八月十八日の大噴火の降灰では、伊ヶ谷の中村勤さんの話によると、サトイモの葉は筋だけ残す姿だったと。この時は、阿古でも細かい噴石混りの降灰だったから当然だろう。

サトイモの葉の不思議は、避難後、東大小石川植物園長の邑田仁《むらたじん》先生に伺った。系統分類学でサトイモ科が専門である。結果は葉面全体が細かい毛に覆われているからだと知った。下園文雄先生からもルーペを覗いてみなさいとのことであっけなく解決した。日頃雨でも水玉になって転がり落ちる現象は見慣れていても、メカニズム解明には及び腰の私だ。

一連の噴火騒動の中で、他人事のように振舞い傍観していたのに、事がわが身に及ぶと、かくも熱心に危険を冒してまで取り組むものかとあきれてしまった。わが家の灰下ろし作業をこと細かく書いた弁明でもある。

この日の水圧利用の灰下ろしから、マグマ岩盤貫入の学者説明が実感できた。高温高圧のマグマ先端部なら、水道圧の比でなかろう。マグマが海底を突き進むことは分かったが、なぜ気まま勝手に向きを変え、頂上に向かわず折れ曲がるのかは今もって理解できない。

台風9号は、八丈島沖を東に去り、七～八mのうねりを送り続けた。船は欠航し、四日分の新聞がどさりと届いた。疲れが重なり、読む気力も失せていた。

八月十五日、相変わらず雄山の噴煙は高く上っているが白い蒸気に変わっていた。もう噴火は日常化し、風向きによる降灰だけを気にする日々に移っていた。私の家は降灰以来ずっと北東風が続き、風下の悲哀を味わっていた。テレビの気象情報を見るのが日課になった。

日頃、森で暮らすカラスバトが目立ち、キジバトが狂ったように上空を旋回している。珍しい光景だ。毎日、庭に水飲みに来る他の野鳥も姿を見せぬ。

庭の泥灰は、先に経験した神着の人の忠告どおり、半乾きを待って袋詰めすることにした。判乾きでひび割れると、労せずつまんで袋詰めできた。その袋は役場が百枚単位で配っていた。この半乾きの時期を過ぎるとコンクリート化してブルドーザでも削りとれぬという。確かにどこかでその場面を見ている。

この日夕方からの頻発地震は凄かった。

震度3・4の揺れが間をおかずに夜通し続いた。噴火発生以来の騒動中、最大級だった。気象庁発表では、翌朝にかけて一万二千回も揺れたとある。島中の人を眠らせなかった。何が起こるか無気味で私も眠れなかった。あまりの不安に深夜、知人の広井誠二さんと塩野佳鶴子さん宅に電話してみた。果たして、返事は寝ずの番を置き、横になっても眠る者はいないとの返事だった。火山活動の異常さも、島びとのストレスも極限に達していた。

この頃の山頂噴煙を有線放送は一〇〇〇～二〇〇〇mの高さで灰白色・連続的と伝えていた。雄山噴火は過去のパターンから完全に外れていた。予知連の説明もなく、行政の避難命令もない。島内で暮らせないことは、誰の目にもはっきりしていた。全員で島外に避難したいが、そのような相談がなされているのかさえ分からなかった。島中が全島避難を待つ雰囲気に満ちていた。

私も避難先を求めて電話したり、手紙を書き始めた。気持ちは脱出に傾いていた。行政の対応を待っていては、命に関わると肌身で感じていたからだ。

四　大噴火と脱出
……「悪《わり》いな。おら先に逃げるぞ」……

そんな矢先の八月十八日夕刻五時過ぎ頃、四回目の大噴火が始まった。私は戸外にいた。テレビは噴煙の高さを一万四〇〇〇ｍと伝えていたが、後日気象庁発表では一万七〇〇〇ｍと訂正された。

三宅島上空は、東南アジア国際便の飛行ルートで、島の真上がターニングポイントになっている。ジェットエンジンが灰を吸い込む危険から事故を避けるため、コースが島の西側に変更されていたのだ。その機長たちが自分の機の高度計から正確に噴煙の高さを計っていての気象庁訂正と後に知る。

噴煙の高さなど麓で暮らす私には見当もつかない。首を直角に曲げ、背を反らしても全貌は捉えられない。噴煙が高いのは、噴火が激しく大規模だと理解できるだけだ。

とにかく自然の猛威に呆然とし、逃げることなど忘れて、圧倒的な激しさに感動していた。もくもくと次から次に湧き上がる黒雲。幾層にも盛り上がり、その中を稲妻が走り雷鳴がとどろく。高く達した雲は横にも広がり、私の上にも覆いかぶさる。太陽の光を奪って薄暗闇へと移っていった。自然のなせる偉大な現象に我を奪われ、また感動で唯ただ眺めるだけだった。なす術《すべ》を失い、日頃の観察記録など見事に忘れていた。今回も火柱はなかった。

逃げることに気づいたのは、辺りが暗くなり、北の伊ヶ谷方面から音もなく黒雲が回り込み、灰と一緒に小石が混ざって降り出した頃だ。ただごとではないと体が震え、怖さでどう逃げれば助かるかと必死だった。

湿った灰にまみれて身ひとつで避難所まで走った。逃げ込めた人はわずかだった。多くは怖さで動けず、家の中で息を潜めていたという。車はライトもワイパーも効かず、乗り捨てて近所の家に逃げ込んだと聞く。年寄りが避難できる状況ではなかった。それでも有線放送は狂ったように全島民に避難を呼びかけていた。

この大噴火で、島の中には逃げ場のないことを島中の人が悟った。行政の限界に自分の身は自分で守らねばとの思いが行き渡った。

翌日の船には、三百五十人が乗り込んで島を去った。空港はこの日で完全閉鎖し、以後空路は途絶えたままで現在に至る。島内循環バスも全面ストップ。商店までも閉じてしまった。島びとは孤立し、日常生活は一挙に壊れてしまった。江戸時代に戻ったのだ。

電話から伝わる坪田地区では、車のガラスが割れ、ビニルトタンの屋根は穴だらけという。テレビは、雄山中腹の放牧牛が噴石の直撃で多数死んだと伝える。道路にめり込んだ噴石はひと抱えもある大きさだ。負傷者のニュースがないのが不思議なくらいだ。

以後、連日百人単位で島を離れる人の姿を港からのテレビは映していた。行く当てのない人は行政の島外避難指示を祈るように待ち続けた。数日前の屋根の灰下ろしは徒労に終わった。郵便配達さんの話は当たっていた。

すぐにベニヤ板を求め、手持ちの角材で、雨戸のない小窓を塞ぎ、噴石防止作業を始めた。脱出の具体的準備だ。役場や郵便局の手続きにも行った。私には幸い厚意の避難先が現われた。

阿古地区に残った人は、以後降灰との闘いに明け暮れた。灰は乾くと車が通るたびにもうもうとほこりを上げたし、わずかな風でも辺りがぼやけて日中でもぼんやりとかすんだ。マスクをしても戸外では息苦しく咳込んだ。その灰ぼこりを鎮めようと水を撒く人もいたが、人も車も滑りやすく危なかった。有線放送は、連日道路への水撒きを止めるよう訴えていた。交通事故防止のためだ。

その細かい灰は、どんなに窓を閉じてもわずかな隙間から入るらしく、家中歩くと跡がつくほどであった。朝昼晩三回雑巾で拭いても洗い水は黒く濁った。神着の人から聞いていた「お化け灰」を味わった。

夏の暑さで閉じ切った室内にはクーラーが欠かせない。そのクーラーが灰を吸ったのか停ってしまった。扇風機を回しても三十五Cの熱風が灰とともに室内を駆け巡るだけだ。雨戸を閉め、日中も電灯の明りで過ごした。

そんな中、私は追加原稿に島の噴火・地震・避難のことを書いていたが、インクは汗で滲むし、鉛筆に替えても原稿用紙の方が汗で濡れてどうにもならなかった。

止むない外出には、濡れタオルで鼻や口を覆うありさまだ。そのうち、バイクも車もエンジンがかからなくなった。バスは船便に合わせてしか臨時便を出さず、そのつど有線放送を流していた。

商店が閉じ、食料入手の道も絶えた。島には孤島の昔から自給の歴史がある。だから、貯えの食料で各家庭が工夫していたものと思われる。私も床下の非常食を引っ張り出した。缶詰、乾物でやりくりした。梅干、みそもだ。

こんなピンチでも耐えられたのは、水、電気、電話が確保されていたからだ。役場の賢明な道路確保も大きい。

何よりも心の支えになったのは、定期船の確実な就航であった。外界と通じることなくしてはパニックになったであろう。それぞれ尽力された関係者の努力に心から感謝する。以上、阿古地区の灰地獄の様子を書いたが、島全体が似た状況だったはずである。島中が地獄の中で、じりじりと全島避難の声を待って心細く耐えていたのだ。

そんな中、再び自衛隊三百人が助けに来てくれて心強い思いをした。八月二十一日のことである。危険箇所の土のう積み、空港滑走路の確保、独り暮らし老人宅の屋根灰下ろしが目的という。私の家にも来てくれた。嬉しかった。感謝のことばに冷たい水を添えるしかできなかったが、たくましい若者の活躍には頭が下がった。災害出動とはいえ、作業服は汗と灰で本来の色を失っていた。マスクもしていたが、どす黒く汚れていた。聞けば、「自衛艦に寝泊りし、洗濯もそこでしているから心配ないよ」との返事だった。阿古の桟橋に二隻並んで停泊していたのが、その艦と知る。

私は彼らが去る八月二十七日を脱出の日と決め、知人加藤賢治さんと打ち合わせていた。二人とも行き先が決まり、もっと早く逃げ出したかったのだが、共に医者の薬や紹介状をじりじりしながら待つ身だったのだ。東京の医療事情を聞いていたので、辛抱強く待っていたのだ。

八月二十一日には、予知連が先に出した「安全宣言」を取り消した。手遅れの感は否めない。でも、学者は誤りを改めるから役人や政治家よりはまだよい。

島の火山活動は依然として悪化の一途にあった。噴煙は激しく立ち上るし、地震も続いた。

生活環境が一段と厳しさを迎える中、八月二十四日、老人ホームの入居者救出のヘリ第一号がやってきた。その中に親しい寺本ミイさんの姿がテレビに映り安堵した。

この日、予知連は再び見解を発表した。

「今後の火山活動の予測は困難。火山学の限界を超える現象である。約二千五百年前に起きたと同じような活動の可能性を否定できず」

と。率直でよい。もっと早く発表してほしかった。この声明でも行政は動かなかった。

島びとが見限って逃げ出す三宅島へ逆に仕事で派遣されてくる辛い立場の人たちもいた。任務で戦場へ行くようなものだ。救護支援の医療班、電気・電話の作業グループ、防災関係者たち、行政に関わる人、警察官、先の自衛隊の若者もそうだし、ボランティアの人たちもいた。仕事とはいえ厳しいものだった。

八月二十六日のニュースは伝える。十八日の大噴火後に島を脱出した住民は、一週間で千人になると。

この状況に至っても、東京都は全島民を避難の対象とは考えずと発表する。都は予知連の科学的判断を待ち、予知連は研究者の集まりで諮問機関のような存在。人命の責任は行政にあると。その通りだ。当の行政は、国・都・村とも離島の住民の先々まで予想すると、財政難の折、安易には踏み切れなかったのであろう。遠い島の現実を的確に把握できていなかったのかもしれない。例えば滑走路清掃の翌日には再び降灰に見舞われて努力の甲斐もなかった。

困惑するのは、島に取り残されていく、当てのない人たちと、責任の重大さに悩む長谷川村長だったろうか。

八月二十七日には、頼みの自衛隊も撤収してしまった。翌日私は、車を借り待ちわびた医者の紹介状と予備薬を入手し、脱出を次の日と決めた。

脱出予定の八月二十九日早暁、最後の大噴火が始まった。前回同様の大規模なものだった。恐ろしい火砕サージと呼ばれる熱風が山頂から二方向に流れた。北側のものは、海にまで達していたが幸い低温であったため、人命を失うことはなかった。

大混乱のなか、私は打ち合わせ通り知人加藤賢治さんと臨時バスを待ち、三池港に向かった。

家の手当ては済ませてあったし、受け入れ先の保刈潔さん夫妻も待っていて下さるという。幸運であった。

この数日、近所に別れのあいさつに回ったが、大半は脱出の後で留守だった。

この日、予知連会長井田喜明先生の直接島びとに呼びかける説明会が予定されていたが混乱の中で立ち消えた。

代わって島に残る全小中高校生が緊急に集められ、在島の全教職員付き添いで避難することになった。あらかじめ学校・児童生徒・保護者らが打ち合わせていた二学期からの東京あきる野市での秋川集団学校生活の繰り上げ実施を、村教育委員会が急遽決定したのだ。それは、親から切り離された子供らと教職員だけによる全寮生活の始まりだった。

私は三池港で船を待つ間、この親子別れの涙の一部始終を悲痛な思いで眺めていた。小学校の幼な子には、事態の説明はできても気持ちを鎮めるのは無理だろう。親は励ますが子供は手を離さず、中には親に抱きついている姿も見た。明るく振舞う子もいたが、心の中は察して余りある。生き別れさえ考えられる状況にあったのだ。一生忘れられない別離の光景だった。

私は灰の降る中、栈橋の降灰除去作業を待って定期船に逃げ込んだ。「助かった」が実感だった。

ひと息ついてデッキに出た。島から遠去かる船上より変わり果てた御山《おやま》外輪山の北東からの全貌も初めて見た。激しく噴き上る黒々とした煙、緑を失い灰褐色と化した山腹の痛々しい姿を悲しい思いでずっと見続けていた。これが島との最後の別れになってしまった。

来島の井田先生は、再び談話を発表。「再度の火砕流発生の可能性」に加え、個人的な見解としながらも、「このことを防災関係者は重く受け止めてほしい」とも。

八月末までの脱出者数二千二百五十人。後に自主避難と言われる島びとの数だ。在島者数約千人。大混乱の中、島の人口とは合わず。

五　避難指示

……「やっと出たかよ」

「待ったな」……

九月一日、長谷川村長は決断した。全島対象に避難指示を出した。「九月二日から三日間で終える」と。

五日以降無人島になるが、将来の復興に備えて島を守る防災要員約四百人は、チャーターした船中に泊り、沖で見守ることになった。

島を離れた島びとたちは、仮の宿を代々木のオリンピック青少年センターにとり、順次都営住宅の空き家に移るという。

村役場と都行政は、緊密に連絡をとっていたのだ。しかし、結果は手遅れの感が否めない。

六月二十六日の島内避難以来、地震・噴火・降灰に脅えた島びとがどれほど苦悩困惑し、悲惨な目に遭ってきたことか。そして八月十八日の大噴火後は、一刻を争って本土に逃げ場に求め、無事脱出できた組は幸運を喜び、縁者なく取り残された者は地獄で泣いていた。陸続きなら逃げる方法は、いかようにも工夫できる。そこが離島の悲しい宿命だ。

そんな悲劇が平和な日本の中で現実に繰り広げられていたのだ。平成十二年夏の三宅島雄山《おやま》噴火騒動がそれである。しっかりと記録し、後世に残せば、きっと役に立つはずだ。

私は、八月二十九日深夜近く、避難先の知人保刈潔さん宅に温かく迎え入れられて生き返った思いをした。感謝の涙で久しぶりにぐっすりと眠れた。その場所は、江戸川区南小岩の隠居所の離れであった。

後日のニュースで知ったが、この噴火で避難できたのは、人ばかりではなく、放牧中の生き残りの牛のほか、ペットのイヌ・ネコもいた。小学校で教育用に飼育されていたチャボ、ニワトリ、ウサギも愛護団体の支援で運ばれ、なんと私の避難先近くの一つの小学校（南小岩小、南小岩第二小）、区立動物公園でかわいがられていた。私は島びとを代表する形でお礼のかたわら、その様子を伺いに参上し、改めて感謝の意を述べてきた。

後日談になるが、八月二十六日にはいったん解散された東京都中心の現地対策本部が再び設けられたことや、その後、東京都が三宅島からの自主避難者が希望すれば都営住宅に収容するというニュースなどは、全く知らなかった。だから、騒ぎの中、自力で友人知人を頼って必死に避難先を探し回っていたのだ。

　また、九月一日村長が全島民の避難を決定したのは、「避難勧告」ではなく、「避難指示」であったこともだ。だから、その指示期間中に島に荷物を取りに戻ってもよいことや費用無料のこともあったらしく、誰もが逃げ去る危険な島に渡島許可を与える不思議さが謎だった。私の脱出前後の混乱の中では、とてもそこまで気は回らず、島びとへの通知も徹底していなかった。行政法上、勧告と指示では意味する重みが異なるようである。

　混乱の中で、事態を正確に把握するのがいかに難しいことなのかの一例として挙げた。

　地球が動くことは小学生の頃から知識として持っていた。日の出、日の入りの現象で納得させられたし、月の満ち欠けや季節の変化、台風、大雨、潮の満干、たまには日蝕や月蝕も体験し、関係あると教えられてきた。理解が伴わなかったのは重力だった。これらは日常生活に組み込まれたリズムの中でゆっくり消化できた。

　噴火や地震は違う。予告もなく瞬時に起き、知ってはいても人智では即応できない激しさだ。地球が生きている証拠だと言われてもポカンとするだけである。地球の巨大なエネルギーの凄さ、激しさを息つめて唯見つめるだけだ。体験できた幸運に感謝しながらも、後始末に余生を費やすことで、今、苦しみ悩んでいる。地球の命に触れて戸惑っているのが今様流人の実態である。

三宅島は生きた火山博物館だ。受難で体験できた。

六　火山ガスと無人島

……「神様もやり過ぎだ」……

避難指示は、島内で暮らせぬ現実と、続いて起きるかもしれない次の噴火を想定してのものだった。避難指示は行政命令で逆らえない。

しかし、その後大噴火は起きず、火山活動の中心は、大量の有毒火山ガス噴出へと移り、今も止む気配はない。その有毒ガスが今は原則渡島できない原因となっている。副題は、島びと誰もが思う帰島できぬ恨みごとだ。

1　無人島

……「カラスとイタチとガマの島だな」……

後日、各新聞報道からの記事をまとめると無人島化後の経緯は次のようになる。

九月四日、最後の定期船すとれちあ丸で島を離れた島びとは四百余人。防災要員四百十七人は借り上げ船かめりあ丸を宿にし、島の沖に移動して待機したという。

翌九月五日、最後まで残っていた防災関係者、火山学者、報道陣百五人も船で去り、この日をもって三宅島は完全に無人島になった。八丈島への定期便が寄港を止めたので、渡島ルートも絶えてしまった。航空路も閉鎖した。

発電所まで運転を止めたので、電気は無論、水道も止まった。火山観測機器約四十台も動かず、観測データは、ソーラーシステムの数台が動くのみとなってしまった。

無人島の意味する影響の重大さには、避難に夢中の私も含め島びとの誰もが思い及ばぬことだった。

一カ月も経つと、その影響は早くも現われた。三宅島を電話基地とする無線中継の燃料切れで、御蔵島《みくらじま》、八丈島、神津島《こうづ》の電話が通じなくなるというのだ。三宅島から本土へは海底ケーブルも敷かれていて、主力が無線でも電話が使えなくなるとは考えてもみなかった。緊急の大事と三宅島への燃料補給が行われてこの件は解決した。

またこれより早く、火山観測機器への送電停止は観測データ不足を招き、今後の観測体制に影響が大きいとの理由から日ならずして発電所は運転を再開した。それらの燃料は神津島を経由してのドラム缶輸送で困難を極めたと聞く。

発電再開は、始まったばかりの復旧工事現場への作業効率を上げたとこれも報道で知る。防災要員を加えた現地対策本部は、当初船を宿代わりに昼間は要員上陸しての活動だったが、台風時期と重なり、船が東京港に避難したこともあって長くは続かず、十月二十七日、北西四〇㎞隣りの神津島に上陸し、そこに本部を移した。

神津島からは、チャーター船はまゆう丸と御蔵島連絡線えびね丸の二隻で毎日三宅島に渡り、活動を続けることになった。しかし、高波で上陸できなかったり、往復の海路の難儀や効率の悪さから、要員輸送をヘリに切り替えた。

臨時ヘリポート完成に伴い、十二月六日から陸上自衛隊の協力で大型ヘリが神津島空港より往復するようになり、格段に便利になったという。なお、三宅島空港は、常に火山ガスの通り道になっていて、使用不能になっていた。

それにしても無人島の状態は続いており、それが平成十二年十月一日の国勢調査にまで影響してくると知り驚いた。

国勢調査は、調査日当日の現況把握を目的とする。住民登録台帳に載る防災要員数十人が当日島に上陸できねば、三宅島人口はゼロとなる。この人口を基に地方交付税などが交付されるので、税収の乏しい過疎地三宅村は大打撃を受ける。法が想定しないことだった。

ここでも阪神大震災の特例を参考になんとか認められ、交付税の件は事なきを得た。

この先、無人島が故に予想もしない難問が待ち受けるかと思うと胸が痛む。

島が完全に無人島であったのは、全島避難直後と十三年五月に夜間常駐施設（有毒な火山ガスの中でも安全に宿泊できる脱硫装置付きの施設で、以下クリーンハウスの通称で通す）第一号が完成するまでである。この間、昼間は防災関係者がいても夜間は無人だし、船やヘリが台風や高波などで着けないと、やはり無人の島になった。

以後はクリーンハウスの増設に伴って次第に常駐者は増えたが、原則立ち入り禁止の状態は続いており、島びとの一時帰島や火山学者でさえ入島許可証がないと渡れないままなので、私は無人島と見なしている。それは避難四年近い今も変わりはない。

「無人島」の響きはロマンチックだ。子供の頃に読んだＤ・デフォーの「ロビンソン・クルーソー」の物語を思い出す。相棒を見つけた曜日に因むフライディと楽しく過ごす筋書きだが、現実の無人島は南の楽園どころではない。ひどい島をふるさとに選んでしまったものだ。

報道各社は、十三年三月三日森首相の二回目の三宅島視察で「特別立法が必要だ」との発言を伝えている。なんと心強いことか。森首相は私の引き揚げ先石川県小松市の人である。ところが間もなく小泉首相に替り、その小泉首相も十三年九月二十九日、三宅島の災害復旧現場を視察しているが、特別立法の実現は今もってない。政治の世界の空しさが身にこたえる。

副題のカラスは、島びとのごみ処理に絡むことで増え、農作物や暮らしにまで影響の及ぶ困り者。イタチは野ネズミ退治に導入したのが原因で観光の目玉、野鳥にまで害を及ぼすほどになってしまった。ガマも四十年ほど前にはいなかったものだ。これらは島の三大害鳥獣とも呼ばれる嫌われようで、退治の時期にきていた。無人島でこれらが増えているという。人が暮らせぬというのに皮肉な話だ。

2　火山ガス

……「毒ガスだぞ」……

三宅島噴火の秋は、火山ガスが最も盛んに噴き出していた時期だ。

八月二十九日の大噴火を最後に噴火も地震も急速に減っているというが、一連の災害の中には火山観測機器も多く含まれ、データが乏しく火山学者の渡島まで制約されていたので、正確な火山活動状況は分からない。情報は気象庁頼りだ。

それによると、最後の二回の大噴火の頃から、有毒な火山ガスが大量に噴出し続けていたようで、火山活動の関心はそちらに重点が移っていた。

夏の終わり頃、東京の立川や練馬などでの異臭騒ぎの因は、三宅島の火山ガスが南風に乗って運ばれたものと判明した。

その後も火山ガスは、直線距離で三八〇kmも離れた福井県敦賀《つるが》市やその手前の岐阜県にまで流れて話題となっていた。

直径八kmほどの小さな島のマグマの威力には驚くばかりだ。

産業総合研究所（旧地質調査所）の風早康平先生の測定値によると、噴火の秋の火山ガス噴出量は、日量一万tから最高八万tを記録したとある。年末までの日量平均は、およそ四万tとある。気体の重量tでは、想像が及ばないが、時々テレビに映る噴煙の姿からも恐ろしい量だと理解はできる。

問題は、量とともに有害とされる中身だ。中心は、二酸化硫黄（SO_2）で、硫化水素（H_2S）もわずかに含まれるという。ともに悪臭刺激性が強い。ガスの九割は水蒸気で、残りが二酸化硫黄という。二酸化硫黄つまり亜硫酸ガスは水に溶けて、世間によく知られる酸性雨になるのだ。

この亜硫酸ガスと酸性雨が島の環境を侵している。島に多いトタンの屋根をはじめ金属類を片っ端から腐蝕させるし、動植物にも大きな被害を与えている。人体にも有毒で喘息《ぜんそく》病歴のある人には特に注意が呼びかけられている。だから、島で防災工事に従事する人たちは、常に風向きに注意し、用心に防毒マスクを携帯しての仕事だという。それでも風向きは変わるし、二酸化硫黄の濃度が２ppm以上になると防毒マスクを付けての作業となる。そして夜は、安全なクリーンハウスに泊る。島の復旧工事に汗流す人たちに感謝する。

今、島の環境悪化の二大悪役は、この火山ガスと大量に降り積もった山腹の降灰が大雨のたびに起こす泥流禍である。後者は砂防ダムと泥流溝の整備で復旧の方向に進んでいる。

火山ガスは、相手が地下のマグマのいたずらで、唯止むのを待つしかない。風のない日は、上空高く上って影響は少ないというが、強風だと海辺の海面にまで流れ下って被害が大きいという。二酸化硫黄は空気より比重が重いため、強風で山肌に沿って流れ、地上の動植物を傷めつける。動物は逃げられるが樹木や家屋は悲惨だ。特に伝え聞く、島東部の三池地区一帯や南西部の薄木《うすぎ》・粟辺《あべ》ではスギ・ヒノキ中心にことごとく立ち枯れているという。家屋の惨状は見るに耐えないらしい。

海上にまで流れ漂う二酸化硫黄は、青白く卵の腐ったような悪臭と刺激だったと、燃料運搬にも関わった島で働く知人の故遊佐《ゆさ》文雄さんが東京に戻ってきた折、私に話してくれた。

二酸化硫黄の健康への安全目安は、0・04ppmとされているが、十四年秋の噴出量や濃度では、風下地区になると、とても帰島どころの話ではない。量と濃度のほか、流れる方向と滞留する時間が問題なのだ。

また、酸性雨は、畑地を酸性化するので、帰島後の農業にも大きく影響する。

この心配的中については、「一時帰島」や「予知連説明会」のところで改めて述べたい。

火山ガスは噴火一年を過ぎると、およそ1／3の噴出量に減り、島びとにも安堵の声が聞かれたが、二年後には1／6に減った後、足踏みしていらいらのもとに転じた。因みに二年後の噴出日量は、四～五千tから一万数千tである。また弱い地震や軽く灰を降らす小噴火も時々だが起きている。

いらいらのもとは、一時帰島でわが家の様子や周りの環境が確かめられ、予想以上に被害が出ていたことにもある。

火山ガスに絡めて、島の防災工事のその後もついでに書き加える。

防災工事は、復旧工事とも呼んでいる。循環都道・水道・電気・電話は、各戸への分を除けば、ほぼ仮復旧し、港の沈んだ桟橋のかさ上げも二年後には完了間近だ。

陸上自衛隊の協力による大型ヘリ投入でも通常の工事と比べると効率は悪く、現地対策本部はついに三宅島常駐を決めた。十三年四月にクリーンハウス二十人規模のテストに成功したからだ。

以後、島内の泥流危険地を避けて、次々とクリーンハウスが建ち、十四年六月には神津島から現地対策本部を三宅島の都支庁に移した。それらの収容人数も夏には、五百人と「広報みやけ」十四年九月号に載っていた。三池港、錆ヶ浜港とも桟橋に大型船が着岸できて、復旧工事のピッチも上るとあった。

砂防ダムは十五基が完成し、十六年度末には予定の七十五基が完成するという。災害復旧予算は、砂防ダムだけで三百二十億円だ。全体では四百三十億円になる。ダム建設中止の世論が叫ばれる中、国立公園をダムで固めてしまうとは皮肉な話である。ダムは最少限に止め、深い溝で海に流すとか、それで被害が増す漁業も含め、ほかによい知恵はないものだろうか。台風豪雨で満杯になる堆積土砂の処理や将来続く維持費も心配だ。

クリーンハウス完成でも復旧作業従事者のガスとの苦闘は続く。風上を選んでばかりの仕事とはいかないし、その風も島では気まぐれに変わる。作業グループごとに安全確認の監視員がガス探知器を持っての厳しい条件下での作業に無事を祈る。

その怖い二酸化硫黄への敏感な反応を持つアレルギー体質の私が未だに不勉強のままなのだ。医者の分野とは思うが、帰島を望むわりにはのんきなものだ。寿命の先が見えてくると、あせりと同じくらい諦めも加わるらしい。

噴火の神様の怒りを鎮めようにも、無信心ではその作法も知らず、祈りも通じまい。唯ただ、ガス止めてよと願うばかりである。

そんな折、十五年三月二十五日、内閣府と東京都が設けた「三宅島火山ガス検討会」が健康への影響調査の結論を出した。島で暮らせる目安を示したものだが、すぐに帰島して通常の生活ができる状況にはないとの発表に肩を落とした。

防災工事の後にまた継ぎ足す形の火山ガスに戻るまとまりのない文章になり申し訳ない。

この説明会は、十五年四月六日都庁で行われ、午前・午後二回で約百人の島びとが詳細を聞いた。

火山ガス中の二酸化硫黄についての放出量濃度・流れる方向・季節や風の強弱など島びとの暮らす麓への影響データは、予知連の発表と変わらないが、ここでは島びとへの健康影響についての注意目安が示された。

その主な点は次のとおりだ。

●環境基準は、日平均で０・０４ppm。これは四日市公害の例にみる工場排出の場合で、火山噴出では規制できない。

●したがって三宅島の場合は、ガスと共生するリスクを行政と島びとが十分話し合う「リスクコミュニケーション」が求められる。

●島びと個人によって影響の差が大きいので事前の健康診断により、自己判断が求められたこと。また、その注意の五段階レベル表が発表された。

●発表前一年間の定点観測で、私の暮らす阿古地区では、喘息病歴の私が防毒マスクを着けるレベル２段階が五分間値０・６ppmで月に十五時間もあるという。ガスはまとまって流れ続くわけではない。寝ている間にも来る。阿古地区にはクリーンハウスもない。がっかりした。帰島は遥かに遠い夢となった。

十四年九月三日公開渡島の報道陣に語った三宅島中央診療所の在島、N医師の記事を思い出した。「火山ガスで気管支炎を発症している作業員は多い。ガスの問題が解決しない限り帰島は難しい」と。火山ガス検討会の結果と符合する。私は考え込んでしまった。

第二章　都会の避難暮らし

一　都会の避難暮らし
……「すぐ帰れるずら」
「分からんぞ」……

「衣・食・住」転じて「医・職・住」に

人の暮らしの基礎は、「衣食住」とされているが、豊かになった今の日本社会では、避難の島びとの切実さは「医職住」に変質している。この勝手な造語の方が現実を表わしやすく、あえて使ってみた。

1　医
……「医者決まったか」
「迷ってるだ」……

十余年ほど前まで、島には各地域ごとに診療所があり医者がいた。その医者を見つけてくるのが村長の悩みのタネだった。今は中央診療所に統合され、医者補充の心配はなくなり、医療機器も整ったが入院施設はない。

避難した年寄りの多くが、病気で治療を受けている。薬が切れたとたん医者にかからねば心配が募る。都会で早速面喰らったのがあまりの医者の多さだ。どの医者を選んでよいのか迷うほど看板がいくつも並んでいる。

島では診療所が一つあるだけだ。患者のほとんどが年寄りなので、そこは「年寄り待ち合い所」の別名でおしゃべりの場になっている。多くが複数の病名を持ち、担当医がそれらを治療し、薬も全部出すので、医者を選ぶ必要も自由もない。不満なら医者探しの上京となり、費用や日数からとてもできない。訳は医者にある。三人が内科医で、上京できない患者への配慮から別に整形外科医が一人いる。ほかに歯科医もいる。計五人だ。

東京の話に戻るが、近くの医院では扱う病気しか診てもらえない。だから、いくつもの医院に通うケースが生じる。通うには近くてよいが、行き先と回数が増えて煩わしい。

結局は総合病院に行くことになる。そこでも各科ごとの診療で、通院回数は減っても待ち時間は伸びる。そして大病院ほど医者の数が多く、受診の都合で担当医が替わるという。馴染んだ医者に診てもらいたいのが人情だ。

また、大病院に行くには、馴れぬ電車やバスに乗らねばならず、駅の階段や行き先確認はとても厄介だ。自動券売機も慣れるまでボタン探しが難しい。

まとめると、避難初期の医者選びには、多くの年寄りが戸惑い困惑した。医療過疎の島暮らしから見ると実に贅沢な話だ。迷い悩んだ果てに落ちついたのは、避難半年も経った頃だろうか。誰もが同じような思いをしたことが愚痴から推測される。

医者を替える理由はいくつかある。自分に合わないと思う患者側の勝手もあるし、選択の余地もあるからだ。専門医に診てもらえるのはありがたいが、患者には医者の腕は分からない。病気がよくなったかどうかを接し方で判断している場合すらある。説明が医学用語で検査数値だと「ハイハイ」と返事するだけだ。評判も人によってまちまちで当てにはならない。さらに困るのは、医者を替えるたびに検査があり、場合によっては薬も治療法も変わる。医者を信じない限りモルモットにされている不安を覚えるという人さえいる。

せめてカルテが次の医者に渡るような仕組みができないものだろうか。

自分の気に入った医者を見つけても、通院に苦労したり、相手が勤務医で異動すると、後を追ってさらに遠くへと通院苦労は続く。

医療の常道とされるホームドクターの仕組みがやはり一番よい。近くの医者で診てもらい専門各科の検査診断薬がそこか近くの薬局で全部出してもらえると助かる。万一の場合は、診断を受けたその専門病院で手当てが受けられたら安心だ。これは患者側の希望である。

インフォームド・コンセントはうまくいっておるようだ。患者の多い病院では、実現が難しいので、あらかじめ質問要点をメモして医者に見せると手早く済み、医者も返事しやすい。憶えられない病名を書いてもくれる。

都会の医療でよい面は、医薬分業だ。薬手帳を渡され、薬ごとの説明もついている。錠剤別のカラー写真で飲み間違いが防げる。薬貰いの待ち時間も短い。一部の大病院では、紹介患者だけの扱いで、予約の希望も受け入れ、昔日の感がある。今の薬にはカタカナ表記があり、年寄りでも飲み間違いは防げる。

医療の進歩は、都会では恩恵にあずかれるが、離島や僻地ではまだまだだ。医療保険の負担差は小さいのに、その見返りには大きな開きがある。年齢層によっても違いがあると聞く。

昔、医者の絶対数が足りないからと医学部のない県に国立医科大学を新設して無医村解消を図ったはずだが、大都市の医者余りは続き、離島・僻地の医師・看護師不足は相変わらずだ。政策や制度の改善で医療の及ばない部分に光を当ててもらいたい。政治や行政の踏ん張りに期待し、小泉首相の大改革を応援したい。

私個人を振り返っても働いている時は少しぐらいの体の不調では、休んでまで医者にかかれなかった。掛ける一方だった医療保険税も退職してからゆっくり診てもらえると期待していたら、負担があって悔しい。

ともかく三宅島避難の患者は、医療に満ち溢れた都会でおおむね十分な手当てを受けて満足しているように見える。

自分に役立つ医療を受けるには、自らの健康や食事・運動・ストレス、それに病気そのものを学ぶ必要性を寿命の先が見えてきた今頃になりやっと自覚した避難暮らしの昨今である。

江戸の流人たちは、医者のいない三宅島で海や山から自然薬を探し、神仏に祈りながら回復を図ったと思われる。医者頼みだった自分が恥しい。長寿を喜べぬ社会もおかしな世だ。

ここまでは、自分で医者通いのできる者のことで、長期入院者や介護を受ける苦労の島びとは身近にいないので、その様子は分からない。人手や費用、病気の辛さは大変だと察するだけで、ここでも島のコミュニティ崩壊が悔まれる。

私の医療だが、病名は「高血圧・不整脈・咳喘息《せきぜんそく》などなど」で、薬十種類を毎日、朝昼夕と飲んでいる。近くの立派な病院でA院長先生が主治医である。通勤に一駅前で降りて歩く実践派モデル医だ。東京都の医療公社が運営する救急専門病院なのに、私は三宅島避難者の扱いに甘えている。そこの栄養管理士Mさんにもお世話をかけた。避難直後から島で夢見て得られなかったワインとチーズの安くて豊富な洪水に目が眩み、半年で十kg太った体を半年の指導で元に戻し「優等生」と呼ばれた件だ。このことばを、学校時代に味わいたかった。ともあれ最新医療と名医に守られての避難暮らしで帰島まで何とか頑張らねばと心新たにしている。薬が多いのは決して威張れたことではないが、幸運な月一度の病院通いが続いている。

本来の「衣」については、避難したのが夏で当座は簡素なままで済んだ。心配された冬も各地からの支援の衣料で十分間に合った。厚意の衣料が着の身着のままの島びとにどれほど役立ったか計り知れない。私は今もって作業ズボンにズック姿で過ごすが、都会はそれを気に止めぬほど個性溢れる豊かで自由な姿に変貌していた。

リュック一つで引き揚げ、雪国の冬をはだしの足駄《あしだ》で通学した頃とは隔世の感がある。

医や衣は、外観からとても避難者とは思えない。

2　職

……「仕事なんてねえぞ」「どうするずら」……

職とは仕事、つまり収入に直結する実に深刻な暮らしの問題である。

島で村役場や都《と》の出先機関・学校・警察・郵便局に勤める公務員や電気・電話などの大企業のサラリーマンだった島びとは、避難しても仕事が続けられた。だが、島を基盤にした職業の人たちは、仕事が失せ失業保険が切れると収入も消えて暮らしは切実だ。農漁業・民宿・自営業の島びとは、収入と家を一挙に失った。

厚生年金・共済年金の年寄りは収入の点では恵まれているが、国民年金に頼る年寄りでは家計のやりくりに苦しむケースが多い。

特に悲鳴が上がったのは、商店主らの自営業者で多額の借金を抱えた人たちだ。スキューバダイビングの宿を経営する卒業生の浅沼徹哉《てつや》君は、数千万円の宿のローン元金の返済は猶予されても利子返済は難しく、夫婦で働いても食べていけないと嘆いていた。今は利子補給も受けられるが、いずれ元利とも返済せねばならぬと、営業できぬ空白にいらだっていた。顧客をつなぎ止めるため、伊豆の海を借りての仕事をするが苦しみは増す一方という。最初の避難所で四泊五日を隣りで並んで寝た仲だ。若さで苦難を乗り切ってほしいと祈っておる。

阿古地区では、前回噴火で家を再建した島びとが多く、ローン返済が終わっておらず苦しい事情は同じであろう。

当初は暫くの辛抱だと頑張れたが、避難長期化は淡い希望を砕き、困惑から困窮へと移っていき、その数も増える一方にある。

都や企業にお願いして様々な職探しをするが、島に密着した仕事経験だけの年寄りや農漁業者、民宿・商店経営者、職人さんらの経歴を生かせる職場は限られていた。臨時のアルバイト中心には年寄りは適応できなかった。危険、夜勤、遠距離が理由では無理もない。

島では、家の畑でアシタバを育て、少量でも共同出荷できたし、「寄り草」といって嵐で流れ着くテングサを拾って干せば、漁協で扱ってくれた。だから、年寄りでも国民年金プラス副収入で楽しく仲間と助け合い無理なく暮らせた。野菜は自給、魚と交換の土地柄だ。今、その島びとは各地に広く散り、コミュニティは崩壊し、畑や海とも縁が切れた。

一方、若い島びとは帰島までの腰掛け就職は断られ、アルバイトが多い。子育てには費用もかかり、将来を考えると悩みは深い。

デフレ不況で失業者が溢れるなか、技術者や専門職と競って職を得るのは至難のことだ。知識・技術・資格・専門の個性が求められる世である。

そんな苦境の折、役場は都や国の支援で八王子市と夢の島に二つの農場を拓き、百数十人の職場を確保した。土につながる仕事は年寄りをどれほど元気づけたことか。朗報だ。

就職成功例は数少ない。都庁でのアルバイト、仲間で請け負う歩道や公園掃除、団地管理人、都心再開発に伴う遺跡発掘作業、年寄りの健康安否訪問、都立大や都産業技術研の敷地管理や草取り、図書館の子供相手、役場委託のシルバー事業や観光協会を通じての島関連イベント手伝いなど知る限りを挙げてみた。

避難当初から先を読み、意欲ある人に職業訓練のチャンスを与える施策があれば、復興にも転職にも役立つであろうと悔まれる。身についた知識や技能・資格は生活の源だ。この案でも年金のない島びとの生活は救えない。殊に将来のある若者たちは、腰を据えた暮らしへの転換、人生設計変更の決断・転機を迫られていると思う。迷いは深いと同情する。

預貯金を取り崩す生活には限界がある。生活保護の制度があるとはいえ、制約が多く受給には抵抗感が強い。

都会に出ている子供に頼るには、あまりにも厳しい時代だ。その家は狭く、一家は共稼ぎでもゆとりがない。長期居候《いそうろう》の気兼ねから団地入居を決意した国民年金頼りの年寄り暮らしが多いのはこのためだ。

右肩上がりだった日本経済も、今は逆の下り坂で、国も地方も赤字企業と同じく巨額の借金を背負い、立て直しに必死だ。デフレ克服も構造改革も進まず、先が見えてこない。企業活動は縮少し、倒産で増える失業者を吸収するベンチャー企業は数少ない。

島びとも歯をくいしばって耐えねばならぬが、敗戦後の苦労を知る年代では体力にも限界がある。何とかよい知恵がないものか。

本来の食の方は、都会の食品価格が島の半値以下で品揃え豊富、安値割引きや小分け売りもあるし、島にない食べもの屋が実に多く、熱あつの料理まで持ち帰ることができて、まことに便利だ。食生活での不満は少ない。

寂しい点を挙げれば、野菜や果物を作り育てる楽しみがないことだ。私にとっては花もそうだ。磯で獲れる魚や貝や海草も夢見るだけになって味気ない。苦《にが》っ竹採り、山いも掘り、タラの芽やツワブキ、ヨモギも味わえない。自然の恵みを今さらのように感じている島びとたちの食への郷愁は深かろうと思う。

3　住

……「おめえ　どこの団地だ」「電話帳みろ」……

散りじりの団地で、今、島びとは階段に泣かされている。また、住宅環境にも馴染めぬことから、いらだちを表わしたのが副題である。

旅に出て立派な宿に泊る。料理もおいしい。温泉もよい。珍しい風景も眺めた。土地の人情に触れ、日常とは異なる味わいに満足した。費用も安かった。ところが避難中の今、このような旅をしても、帰宅の安堵感がない。慣れ親しんだ質素なわが家ではないからだ。苦労して建て、手入れに努めたわが家の日常から断絶されると、心の傷は恐ろしいほど深い。

三宅島避難者についての住居は、おおむね恵まれている。避難から時をおかず希望者は都営住宅に入れた。当初はそれで喜んだ。テント生活や体育館暮らしを予想していたし、前回噴火では仮設住宅の経験もある。都民と同じ団地生活に仲間入りでき、家賃免除で感謝感激だった。誰もが避難暮らしは短期間の辛抱と思い込んでいたからだ。

だから、空き家を斡旋され散りじりになっても、二家族で一戸の同居となっても文句は出なかった。島びとの大半は、伝《つて》を求めての自主避難であったから、避難指示でオリンピック村に仮住まいした人も含め誰もが二度以上は引越しの憂き目に遭っている。島で生まれ育った人の中には、初めての引越しに目を白黒している始末だ。

その頃は世間の同情もあったし、都会暮らしの珍しさもあって先のことまで思い及ぶ島びとは少なかった。

寒い冬を何とか凌ぎ半年も経つと、さすがに火山活動の先行きを心配する声が出てきた。二世帯同居生活のトラブルを避けるため、断酒を誓い合うのも一カ月が我慢の限界だったと当の鈴木義男さんから後に聞いた。その苦労を都も理解して間もなく一方が引越して解決した。

半年も過ぎると、子供一家のひと部屋を空けてもらい同居していた年寄りが、自ら望んで都営団地に移り始めた。そこからは、生活に追われる子供一家の共稼ぎの苦労や、孫が受験に専念できる部屋の必要を感じとっての遠慮がうかがえる。葛飾区高砂《たかさご》団地の四十世帯五十余人の数字がそれを物語る。ほとんどが単身か夫婦の年寄りだ。

島には隠居の習慣があり、老いての独り暮らしは珍しくないが、子供や親戚が同じ屋敷か近くに居て地域のコミュニティが生きていた。それが消えた今は、心身ともに厳しいし、経済的にも苦しい。

私は当初、知人宅の離れを借りて過ごしていたが、十月下旬には隣り区の西亀有の単身者都営団地に移った。年が明けてからの転入組は、広い世帯用住宅に入れたので、あまりの狭さに音を上げた私は都住宅局に転居を願い出たが、定めは曲げられぬとつれなかった。団地に島びとはいない。島びとがまとまって暮らす前に述べた高砂団地へは、自転車で四十五分、バスを使うと一時間もかかる。都会は、交通の便と不便が同居する不思議な世界だ。

翌十三年四月からは、秋川学校の全寮制が崩れ、子供を親元から通わす都合でスクールバスを武蔵村山団地から走らすことに

折り紙（細工）で帰島を待つ、井上喜美さん

なった。それに伴い子供通学の家庭に限り、希望者の一部世帯が同団地への引越しを認められた。

さらに二年を過ぎると、都市基盤整備公団が三宅島避難入居者の家賃免除はこれ以上続けられないと言い出して九月末の退去を命じられた。同公団は独立採算制の立場で、入居者三十九世帯の家賃合計は毎月五百五十万円と新聞報道に載っていた。入居者は都営住宅にまた引越しだ。引越し組の家賃を平均すると月十四万円だ。高額に肝を抜かれた。

このことがさらに波紋を広げた。都住宅供給公社の家賃十六万円入居者があちこちにいたからだ。早速教え子の田中修《おさむ》君に電話した。「高額家賃で追い出されないか」と。「まだ、その話はないが、いずれ覚悟せねば」との返事だった。公社・公団にも独立採算が求められる時代なのだ。

避難長期化で団地暮らしの島びとにも不満の声が上がるようになった。その声をまとめてみる。
①年寄りを中心に階段の苦労話が実に多い。
東京オリンピック開催の前後から普及し始めた団地は、五階以下の造りでエレベーターはない。島では台風を避けて平屋の木造がほとんどだ。階段暮らしの経験がなく、老いか

ら足腰の衰えも加わり、上り下りの苦痛は深刻だ。同じ階が廊下式で連なる幸運な入居者は、並びの島びととの交流に都合がよい。同じ棟でも階段式だと往来困難で電話のやりとりになり、顔も見られない日が続くと。孤立入居の私は、その相手さえいない階段組だ。

階段の嘆きを苦痛と受け止めれば、毎日が地獄になる。逆に足腰鍛えるチャンスと思えば、噴火の神様に感謝する運動に変わる。長寿社会の今日《こんにち》、環境適応次第で苦にもなり、長生き元気のタネにもなる。そうは言っても年寄りに階段暮らしは酷だ。

②鉄筋コンクリート造りは島に多い木造に比べ日常の趣きがかなり違う。

団地の白い壁と天井、それに六畳の部屋では息が詰まると嘆く。上下階や隣りとの壁の響き、話し声にも気を遣うという。島の木造家屋は、冬を除けば窓開放の網戸暮らしで、夜もそのまま。鍵を掛ける家はまずない。不満の一方で便利な造りには感心する。栓をひねるだけでお湯が出る。玄関だけで戸締りＯＫ。掃除も窓拭きも時間がかからぬ。それでも愚痴るのは庭と緑がないからだろう。

③高層住宅に入った人を羨ましく思った。窓から富士山が見えると聞いて妬《ねた》ましかった。伊豆諸島への航路竹芝桟橋近くに暮らす知人山本恭平さんは、そんな高層住宅組だ。レインボーブリッジの夜間照明が美しい。島通いの船も見える。ゆめ農園にも通えて都合よ

いと。

悔しいので次々問うた。

窓は危険防止で開けられず、ふとんも干せない。首都高速道路が近くを走り、騒音で夜も眠れないと不満を吐き出した。商店が少なく買い物にも不便だと。都心にもそんな所があるのだと知る。よいことばかりではないようだ。

別の知人Kさんも、その近くに住む高層組だ。やはり深夜の暴走族の激しい爆音に悩む夜が続くという。驚いたのは、春以来クーラーを入れっ放しで電気代がかさむと嘆いていた。

都会のヒートアイランド現象も、そのために電力供給の責任から原発運転に無理をする事故軽視も、裏事情が分かってくると、日本中が今は立ち止まって考える時期に来ていると思う。経済繁栄を楽しんだ末の構造改革だ。小泉首相だけに任せておいてよいのだろうか。

④多摩ニュータウンの一角に住む卒業生の塩野佳鶴子さんは言う。買い物には駅前のスーパーしかなく、車を持つ友だちと一緒にまとめ買いだと。丘の上の団地では、「行きはよいよい、帰りは辛い」の買い物にリュック背負ってのバス利用の年寄りは、かわいそう

だとも。

その点、下町の私は商店だらけで物価も安く何かと得している気分だ。団地には各戸に数坪の菜園まで付いている。島を結ぶアシタバ一色の植え付けで手間いらずだ。

避難の島びと誰もが住居では何かしらの苦しみに耐えている様子が様々な形で伝わってくるが、それは入居の場所や建物の構造、年齢などによって皆違う。欧米風の住環境に恵まれた多摩ニュータウンでも不満はあるのだ。戦禍で家を失った人たちもいるし、水も薬もなく飢えに苦しむ人も世界には多い。祖国を追われた難民と噴火避難の島びとでは、天と地の差だ。上を向いて生きようとよく言うが、下の苦しみを世界の果てまで眺めてもよいのではないか。それにしても住に限らず、島びとの弱者救済の支援は急務だ。

二　避難者の嘆き

……「島のもん　どーしとるずら」……

「さーな」……

1　散りじりの島びと

……「おめーの暮らし今どんなだ」

「そっちと同じよ」……

島びとが分散して暮らす悩みと、その解消に電話を役立てている様子が副題の会話であり、後半の電話慰めにつながる。

この分散暮らしのままでは、避難長期化に対応しにくいため、私なりに東京三宅村つくりと先々の人生選択肢の提案をしてみた。ぜひ今後の参考に読者の意見を求めたい。

避難指示で三宅島は無人島になった。島びとは秋田県から沖縄にまで全国各地へ散ってしまった。平成十二年九月五日以降の話である。

束ねる役場でさえ重要書類を抱えて引越しを重ねたので、長らく島びとの消息はお互いに判らなかった。十三年正月でも、三十八名が行方不明という。

平成十二年九月一日現在の役場住民基本台帳による人口は、三千八百二十九人、世帯数は千九百六十六だ。ほかに住民登録をせずに島で働く人も多くいたし、別荘暮らしの人もいたので実態は不明だ。

その人口も毎月減り続け、「広報みやけ」によると噴火四年近い十六年六月一日現在では、三千二百三十三人になっている。それらの島びとが暮らすのは、一都一府十六県に及ぶと十四年九月二日の新聞報道は伝えている。手元の最新版島民電話帳で確かめても頷ける。

島びとの九割が東京都に暮らし、神奈川県と埼玉県に各百人前後、残りが千葉県や静岡県など各地に散っている。

東京都といっても八丈島とは縁も深く、約三十人、新島《にいじま》、式根島、大島など伊豆諸島に暮らす人もおり、漁師仲間は漁船の避難先伊豆下田港にまとまり、漁生活をしている。要するに、散りじりばらばらになってしまったのだ。

島を除いた東京では、二十三区二十六市に分散している。中でも多摩ニュータウンが最も多く、約六百人が暮らすというが三市にまたがり、歩いて往来できる距離ではない。武蔵村山団地には三百人ほど、北区桐ヶ丘団地にも二百三十人ほどがまとまっているという。ほかに多いのは江東区と国立市の団地で、それぞれ二百人近い。他は数十人程度でばらばらだ。

この分散暮らしが島での隣り近所のつき合いを崩し、助け合うことも相談することも困難にしている。三宅島復興の最大障害だ。

役場は都庁に本拠を置くが、遠くて不便な島びとのために立川市と竹芝桟橋近くに出張所を設けている。それでも用達しは、電話と郵便やりとりだ。

役場通知はすべて郵送である。説明を要することも住民説明会と島民対話集会がたまにあるだけで集まる人は限られておる。島民連絡会を通して各地、四十余の自治会に流しても、その自治会に集まる島びとはわずかだし、手渡しながら説明できぬ遠さだと結局は郵送になる。

顔合わせての会話中心生活だった年寄りにいきなり役所連絡の読み書き文書の世界に入れとは言えない。役所文には二～三回読み返してもよく理解できぬものがある。島でなら大事なことは、仲間に聞けたし、有線放送で声にしても届けていた。「もやい」の仕組みが機能せず、島でのコミュニティが完全に失われているのだ。気持ちの交流を阻んでいるのがこの分散暮らしである。

避難指示の折、行政責任者がひとこと「避難先をまとめて」と付け加えておれば、私のような孤立組が出ずに済んだであろうと悔まれる。都住宅局も空き家探しに苦労していた事情も察せられる。後日、多摩ニュータウンの知人宅を訪ねると、今は空き家も多く、一棟そっくり空いているのが、夜の窓の明りから分かるという。バブル弾けて今は通勤に遠く不便で人気がないのであろう。帰島適わぬ事情を抱える立場の島びとが必ず出る。今からでも、希望者を集めておけば、将来島とのつながりを保てるし、都会に残っても助けあえる。

このようないきさつで、先の説明会に限らず、役場が骨折って開く気象庁の火山説明会さえひと握りの島びと参加で寂しい。第六回ふれあい集会での火山ガス説明の場で野村助役が、この大切なリスクコミュニケーションを聴く島びとは約二割だ、と嘆いていたほどだ。原因はどこにあるのだろう。

説明会の大切なことは、島びと誰もが承知しているはずだ。動ける私でさえ、一時間半かけ、四回乗り継ぎ費用まで払って都心に出向くのは苦痛だ。まして階段を苦にする年寄りが費用負担で出かけるとは思えない。解決に知恵が必要だ。

逆に役場幹部や村議会議員が説明要望の自治会へ出向いて、島びとの悩みや苦しい思いを直接聞いてよ、とお願いしている。今その方向に少しずつ改善されつつある。

避難から一年半も経った頃、私の属する葛飾区の高砂団地で村議会議員三人を招いて懇談した。区内の島びとのほとんどがこの団地に暮らす。二十人が出席した。議員に実情を知ってもらいたく、独り暮らしの人に手を挙げてもらった。十二人いた。はとんどが女性の年寄りで、議員もよくこれほどまでに片寄ったものかと驚いていた。欠席者はさらに高齢で、若者は働きに出て不在だ。子供のいる家庭は二世帯と聞く。私はこの団地まで地図上は三㎞だが川向こうの橋を回るので遠い。雨だとバスを乗り継いで一時間だ。出席は辛い。

避難先分散は、役場の努力の割に効率が悪く、金も手間もかかる。島びとと行政の気持ちが通いにくく、トラブルや不満のタネになっている。その間を取り持つのが村議会の仕事だが、十二人の議員では回りきれない。連絡員制度で補うが電話だけでは通じない。年寄りには、あじさいの里から月一回の訪問がある。一度だけ島の診療所看護師と島の警察官が見えた。ふれあいコールという電話ボランティアも私の家には届かない。

私は島民連絡会に時折出るので、およそのことは分かるが、細かい情報は十四年正月から始めたパソコンでキャッチしている。年寄りは仲間で電話の慰め合いにより、心細く過ごしているのが実情だ。その情報内容は乏しく噂中心である。

先のめども立たずにこのような避難暮らしをいつまでも続けるのは無理だ。集まって暮らすとか、先々の具体的目標を立て情報交換を密にするとか、半年・一年経過ごとに見直したり、生活困窮者の支援策や島の家屋保持など安心できる対策を行政に求めるなど、島びとの手で対案を作る時期に来ていると思う。万一帰島がずっと先に延びる場合も考えて、いくつもの生きる選択肢が用意されてよい時期と思う。

人の間と書いて「人間」を表現する通り、孤独で長い年月を耐えるのは難しい。経済的にも精神的にも手当てを必要とする島びとが増えてきた。そのことに島びとがどのように取り組み、解決できぬ部分を世に訴えて助けを求めるかが大切だと思う。特別立法が必要なら国会を動かす知恵と力添えを世間にお願いしよう。

今さら島びとを集められるかと東京三宅村つくりを否定する人も多い。若者は職に就き、子供は親元からの通学先に馴染んでいる。年寄りはやっと医者と話せるようになった。もう引越しは嫌だという人もいる。でも、私のようにポツンと独り離れて暮らすケースもあるし、建て替えにぶつかり移らねばならぬ人も出ている。希望者だけでも集めてほしい。当てもなく、避難解除を待つだけの無策は、四年の空白を見れば明らかだ。

長崎県雲仙の火山活動は、五年経ってやっと終息しているし、北海道有珠《うす》山は三宅島より三カ月早く噴火し、今なお活動している。

頼りとする予知連は、三宅島もいずれ火山活動は終息するだろうと言うが、その時期になると口は重い。

先の両噴火被災地では、火山活動の様子が見える場所に仮設住宅を建て、地区ごとに入居したので、自治活動も火山の動きに対応して機能的に動けた。自然相手には息の長い対応が必要なのだ。三宅島は海の彼方で様子も分からず行くこともままならぬハンディを背負っている。だからこそ、散れ離れでは先が思いやられると声を大きく、重ね重ねて叫び続けるのである。

避難暮らしを支える法律は不備で苦しむ上に、島の家屋は自己責任でと言われても途方に暮れる。年寄りや病人などはなおさらだ。避難指示で島を離れ、ふるさとに渡ることさえ自由にならないのだ。その不条理を訴えてよいと思うし、世の助けを求めてもおかしくないはずだ。そのことを島びとにも世間にも問いたい。

これ以上のことは力及ばぬ世界だ。世の助けを請いたい。

電話やりとりでの慰め合い

年寄りに限らず、島びとの楽しみは、離ればなれになった島での仲間との電話でのやりとりだ。相手は島で「同年」と呼ぶ同級生であったり、近所の人だったりといろいろだ。その電話が癒しになり、励ましになっている。東京には日本の人口の一割が密集していても、他人であるのが島びとの立場だ。

会話では、島ことばが丸出しになっているのでおもしろい。

島では、長く孤立した暮らしから、独特の方言が生まれた。その上、狭い島の中でさらに「旧部落ことば」が生じたのは、長らくお互いの交流が少なく、自給自足の孤立生活の歴史が生んだ伝承文化といえよう。

全島一カ村にまとまったのは昭和三十一年で、その前の同二十一年北部三地域が合併するまでは、五カ村に独立して暮らしてきた歴史を持つ。旧部落間では婚姻さえ許されなかったという。流人も疎外され、純血が守られた。非常に狭い範囲の地域固有文化の保守が維持されていたのだ。

次に特徴のある伊ヶ谷、阿古、坪田の昔ことばの電話でのやりとりを紹介する。このやりとりは、今は若い人には意味は通じても、日常使われることは少ない。

伊ヶ谷ことば

根岸氾《ひろ》子さん　七十八歳

「おまえ、ＮＨＫのテレビ女優でうらやましいよ」

「おーよ、はずかしいよ」

「家はどうだったけよ」

「なんでもねえよ。庭にたまげた《おどろいた》よ」

「なんで」

「カヤ《ススキ》でいっぱいだったよ」

「そんなにか。手間《てま》できねえで、わるいな」

「どうするだね」

「鍬《くわ》でこぐわ。さわぎだぞ。としじゃ。もうなんもできねえなー」

「しょうがねえじょー」

「墓めえりしたっけな」

「だからよ。東京で花こうてあげてきたよー」

「じいちゃん、よろこんだろ」

「ありがとうよ」

阿古ことば（男ことば）

宮下正一《まさかず》さん　八十二歳

「元気かな」

「なんとかやってますよ」

「いつ戻れるかな」

「わかんねーな」

「だからよ」

「風邪《かぜ》はやっとるぞ」

「今のところ元気だよ」

「おめーも病気すんな」

「おーよ」

「今なにやってる」

「としだで。シルバーに行ってるよ」

「よかったじーー」

「おたがい、気をつけてすべよ」

「おう」

坪田ことば

田中歌子さん　七十九歳

「いし《あんた》、いつ行ったよ」

「正月十五日だよ」

「いっぱい行ったかよ」

「おーよ」

「役場便りに四十四人と出ていたよ」

「もっといたと思うがなー、バス三台だったよー」
「船は、どこだったよ」
「さびに着《錆ヶ浜港》いたよ」
「ナライ《北東風》が吹いたもんで」
「寒くて寒くて、バスで着いて、家は暗《日の出前》いもんで、ローソクでめし食べたよー」
「そうだかよ、いしげ《あんたの家》の屋根大丈夫だかよ」
「とうちゃんが見たが、大丈夫だよ」
「よかったなー、いつ島に帰れるかなー」
「わからんぞー」
「そうだかなー」
「しんどいな《たまらんな》」

改めて強調したい。先の長い受難を想定して、東京に三宅村を建設しよう。避難解除で戻れない人が出ても、まとまって残れば心強い。島びとも行政も村議会も四年待って空しかったことを生かすチャンスだ。腹をくって長期対応の覚悟を決める時期に来ている。

2　秋川学校

……「子供らかわいそうだな」
「だーからよ」……

三宅島避難者の中でもっとも恵まれているかに見えた小中高校の子供らについても、島びとが交わした会話は、副題のようである。

三宅島噴火は、家屋や仕事や島びとの絆《きずな》ばかりか、学校までも奪ってしまったのだ。

東京の西郊あきる野市に通称「三宅島秋川学校」がある。間借りの校舎は都立秋川高校だ。

秋川高校は、東京で唯一の全寮制普通高校である。平成十三年三月に最後の卒業生を送り出して閉校予定となっていた。創立は三十六年も前で、海外赴任者子弟や島からの進学者を受け入れる目的で設けられた男子校だ。三宅島からも多数行っており馴染み深い。閉校を前に校舎も寮も三宅島の子供を受け入れるに十分な空きがあり、実に幸運であった。ここを集団避難先の学校生活の場に選んだのである。

収容されたのは、三宅島の三つの小学校と三つの中学校、それに都立三宅高校の子供たそれは三宅島雄山《おやま》が最後に大噴火した平成十二年八月二十九日に突然のスタートで始まった。

計画も準備もなく、いきなりのことだから、滑り出しから困難と混乱の連続で、それは今も尾を引いている。結果から言えば失敗であった。

島での親子別れの涙の光景は、先に書いた。予告なしのこの別離は、親子ともに戸惑い大きく、心の準備も、持たせる品の整理もできていなかったと思う。何しろ大噴火の中での緊急脱出の悲惨な情景としか表現できないスタートであったからだ。

この日、新聞報道は脱出した小中高校生の数を百三十六人と伝えている。付き添いは親ではなく、在島の全教職員だ。なお、避難時点の小中高校生の在籍総数は四百四十二人と発表されている。

噴火騒動の中、夏休み中に行われた児童・生徒・保護者への意向調査から、二学期以降の秋川集団学校生活を希望した人数は、約八割近い三百四十三人だったと、後日知る。

これらの数字は、混乱のなか各紙ばらばらで、方向性を示す意味だけだ。緊急避難を決定した当の村教委幹部も校長代表らと秋川高校視察中であったことを付け加えておく。

秋川の集団学校は、先に親元を離れていた子供たちを集めて九月四日に二学期始業式を行った。島の七つの小中高校が合同しての変則スタートだ。

小中学校は、それぞれの学年をまとめて一クラスに編成し、高校は従来通りの形で授業を始めた。その時の児童・生徒合計数は、三百五十六人、教職員数は、百十六人と発表されている。

学校生活の一番の特徴は、全寮制にある。三棟の寮のうち、一棟を男子、一棟を女子に充て、一棟は秋川高校三年生が使用していた。

下級生を持たぬ最終の秋川高校生は、突然の闖入者に驚いただろうし、小学一年生からの集団寮生活など、半世紀も昔の学童疎開以来だ。近年流行の山村留学に例をみるくらいで、子も親も確たる覚悟ができてのこととは思えず、どれほどのショックだったか計り知れない。多難な船出であった。年上の子が下の子の面倒をみる形で、昼は学校、夜は先生たちが親代わり役の暮らしとなり、生活は一変した。

授業も小中学校では、三校の先生が週ごとに交替した。高校では、普通科はスムーズに進んだが、併合科と呼ばれる農業・家政科は実習を伴わない異例の展開となった。農場や家政科施設がないからだ。

手すきの先生が夜を中心に子供の世話をするが、本来の務めではない仕事にさぞ心労・

苦労があったと思う。小学校低学年では、まだ親に甘える時期から脱しておらず、親の心配もまた大変なものだったと推察できる。

こうして家族別れの秋川集団学校生活は、避難と同時に始まったのである。その結果は、日ならずして様々なトラブルとなって現われた。寮には女子トイレがない。低学年用の机や椅子は、近隣の小学校の余りを貰う。教科書を持たぬ子もいた。洗濯したことのない子が多く、年上の子に教わってやる。その混乱ぶりは想像に余りある。集団食事も朝昼晩と続けば、日頃の楽しい学校給食とはずいぶんと趣きも異なってくる。朝夕家族と一緒の食事から一気に切り離されたのだ。当然、好き嫌いなど許されない。

最低限の衣食住と教育の環境は整えられ、とにもかくにも二学期をスタートできたことは、一連の避難騒動の中でも幸運だったといえよう。次代を背負う子供とその教育重視の姿勢は高く評価されてよい。

三宅島全島避難の中で唯一足並の揃ったのが、この集団学校避難と特異な全寮生活だった点に注目したい。世間もまたこのことに関心を寄せ、同情と支援が集まり、以後長く話題となって続いた。

しかし、組織や人手、物資が整ってきても気持ちの切り替えや心の手当ては容易ではなく、深刻さは次第に増していった。

昼間元気な子も、夜はベッドで泣き、授業中体調を崩して保健室に行ったり、設置の無料電話には長い行列ができたという。

親代わりを務める先生は過労とストレスに苦しみ、親は心配で仕事探しもできないとニュースは伝えていた。

救いは、土・日曜の里帰りだ。迎えに来た親との避難先団地住宅での一泊一家団欒《だんらん》は、どれほど親子の気持ちを和ませ、癒しになったことだろうか。しかし、毎週迎えに来られぬ親もおり、父親出稼ぎで家族揃わぬ家庭もあって、悩みは尽きぬまま過ぎていった。

混乱は、時とともに落ちつくのが通例だが、現実はその逆へと動いていった。

笑顔が見られるのは、環境に慣れた子。体調を崩すのは、心身にストレスを溜めて親や先生を心配させる組。

その秋川の子供たちへの世間の同情は、大変なものだった。ニュースの中から拾っただけでも、不足物資の寄付の山、各種催しへの招待、文通、義援金の相次ぐ様は、マスコミを賑わす寵児《ちょうじ》と化していた。

その一方では、やはり先行きの深刻さを子も親も先生も感じ始めていたようだった。親は避難先家庭からの通学を望んだが、村教委は、遠くて通えぬ子供との釣り合いから拒んだ。先生からは十分な教育ができないとの声が上がり、一部の親はすぐに子供を引きとれぬ経済事情を訴えて秋川学校の存続を希望したという。要するに教育環境は、関係者の努力の甲斐もなく、改善には向かわなかったのだ。

二学期も終わりに近づくと、現場の先生からは、「もう限界だ」と悲鳴が上がり、教育の質が問われ始めた。何より顕著に現われたのは子供が一人去り、二人去りと姿を消して、親元から地域の学校に通い出したことである。本来の家庭生活が強く求められていたのだ。九月に百四十一人いた小学生が、十一月中旬には百七人に減っていた。特に一・二年生に限ると、三十二人が十六人へと半減していた。

関係者全員が悩むなか、村教委は年末に結論を出した。新年度の新一年は募集せず、都内で二番目に多くの島びとが暮らす武蔵村山団地から秋川学校までスクールバスを走らせると。

そして、四月の新年度を迎えた。

小学校は、全児童二十七人。中学校は、五十八人に減っていた。中でも小学校は、三年生が一人、四年生が二人、五年生が三人、二年生が四人という僻地の分校に見られる姿に

平成十三年四月二十七日現在

小　学　校

校名＼学年	1年	2年	3年	4年	5年	6年	合計
三宅小		3	0	1	1	9	14
阿古小		1	0	1	2	4	8
坪田小		0	1	0	0	4	5
合計		4	1	2	3	17	27

中　学　校

校名＼学年	1年	2年	3年	合計
三宅中	5	11	5	21
阿古中	6	4	6	16
坪田中	2	6	13	21
合計	13	21	24	58

三　宅　高　校

科名＼学年	1年	2年	3年	合計
普通科 併合科	25	26	32	83
合計	25	26	32	83

㊟ 併合科とは、農業科と家政科の併合の姿である。

様変わりし、学校として成り立つのかさえ危ぶまれるスタートだった。

三宅高校の卒業生は四十一人。そして島の三つの中学校卒業生のうち、三宅高校に進学した生徒は、二十一人だった。

ややっこしいので、村教委発表の平成十三年四月二十七日現在の各学校在籍者数を表にしておく。


前ページの数字の変遷からも、秋川集団学校生活には無理があったと分かる。特に小学校では家庭からの通学が自然な姿であり、親は不安定な避難暮らしだからこそ、一家まとまっての生活を望んだのであろう。

島の後継者育成は大切であるが、避難長期化でその空白をどのように埋めるかは、今後の大きな課題として島中で取り組まねばならぬことになってきた。

このようないきさつから、翌十四年度の小学校は休校の形をとり、教職員も減らして帰島に備えるという。親元から避難先の学校に通う児童を側面支援して、心のケアと郷土愛育成を担うことになった。

中学校の入学者は四人。三宅高校の入学志願者数は十一人と報じられていたが、入学では十二人に増えていた。

中学・高校とも、二・三年生はまだまとまった在学数だが、先はやはり小学校と同じ道をたどると予想される。

復興計画の中に占める三宅島学校教育の重みを大切にし、これから島びと全部で論議を尽さねばならなくなってきた。

将来像の私見だが、中学校は統合し、中高一貫教育を三宅高校で行ってはどうだろうか。幸い三宅高校の所在地は、火山ガスの影響が少ないと伝えられている。当然、教育目的の論議は欠かせない。

小学校は古くから地域文化の拠点として大切な役割を果たしてきたことから、私も考えあぐねている。全国各地で小学校廃校後に集落そのものが廃墟と化した例を多く見ているからだ。経済見地からの統廃合では悔いを残すが、肝心の子供が数人クラスとなれば離島の分校になりかねない。島の将来にどんな形がよいのか、中高一貫教育と絡めて島中で今から知恵を絞ってほしい。

課題は先に述べた島の文化を伝承する郷土愛育成と島の産業に密着する後継者づくり。加えて、今は高校からの進学や就職も考えねばならぬ。

執筆中に都立高校での中高一貫教育実施のニュースが飛び込んできた。対象の都立六校の中に三宅高校が村立三中学校と組んで十五年度から、地域の特性を生かす中高連携型の教育を実施するのだ。何を目標にどのような形で、施設や職員をどうするかなど詳細はまだ分からない。都立・村立の壁、予算もだ。それに島びとの意志も不明だ。

それでも私は、日置《ひおき》前三宅高校長の提唱されていた頃から、島の中高一貫教育の魅力にひかれていたので、原則的には賛成だ。

中学三校統合は、生徒数から見れば当然だ。四十人学級編成なら一学年一クラスに満たぬ。帰島後の様子にもよるが、三宅高校の空きスペースで十分収容できる。通学も高校生のスクールバスで可能だ。

三宅高校収容の私案だと、中学三校分の施設が復興に役立てられる。使用目的変更の役所の壁は厚いと聞くが、既に実施の各地例に学べばよい。

空き校舎の活用には、住宅、老人施設、文化や観光の拠点、社会教育の場など用途は広い。運動場や体育館はイベントや防災用にも役立つ。教職員住宅などすぐにも役立つ。ガスの中で機能が疑問視される村役場の代替も考えられる。多様な活用法は島びとが知恵を絞ればよい。

中高一貫教育は、費用・効率といった面から多くの地方で採用され、今は多様性の教育改革の視点でも見直されている。三宅島の場合は、生徒数がひと握りなので見直しは当然だ。補助金目当ての教育行政にも、やっと改革の機運が訪れたことを歓迎したい。
なお、追記の形で十五年度の秋川学校新学期スタートの在籍生徒数を次の表にまとめておく。

平成十五年四月十日現在

都立三宅高校入学式
(2002年4月8日):同校提供

小　学　校

平成14年度より実質休校

中　学　校

校名＼学年	1年	2年	3年	合計
三宅中 阿古中 坪田中	0	4	8	12
合計	0	4	8	12

三　宅　高　校

科名＼学年	1年	2年	3年	合計
普通科	7	6	21	34
併合科	2	4	3	9
合計	9	10	24	43

さらに歳月が流れ、秋川学校の存在は影を薄めていった。

平成十六年六月十五日現在

小学校

実質休校

中学校

学年 / 校名	1年	2年	3年	合計
三宅中	1	0	2	3
阿古中	1	0	1	2
坪田中	0	0	1	1
合計	2	0	4	6

三宅高校

学年 / 科名	1年	2年	3年	合計
普通科	7	7	7	21
併合科	2	3	4	9
合計	9	10	11	30

十六年四月二十五日都庁で行われた住民説明会では、浅沼教育長は次のように説明した。帰島後の島の教育は、小・中学校はそのまま残し、伊豆地区で合同して行う予定と。なんとも分かりにくい。予想される統廃合は、帰島後に広く島びとの意志も問うて決めるようだ。

三宅高校については、発表もなく分からない。前に触れた私案などは持ち越された感じだ。三宅高校は、都立農芸高校の分校としてスタートした歴史を持ち、農業科と都立高校で二番目に広い学校敷地と農場に特色がある。

帰島後に実情に合わせた再検討がなされると思うが、島に根ざした中高連携教育や復興を担う後継者育成、文化伝承、島緑化協力などすでに決定されたことも含め、島の最高学府の役目を期待したい。

なお、十六年度より三宅住民の都立高校生の学費免除が実施され、子を持つ親には朗報であることを付け加えておく。

3　家族分断の悲劇
……「爺ちゃんどうしとる」「聞くな」……

家族が一緒に暮らせないということは、実に寂しい。島では、そんな例は今までにいくらもある。高校を終えると就職や進学で東京に出るのはごく当たり前だった。家族の入院で片親が付き添ったり、父親の出稼ぎもあった。でも、それらは特に珍しいことではない。短期間なら、親戚や祖父母が面倒みる点では全国に共通するし、家族間での納得や覚悟の上ならなおさらだ。

三宅島の秋川学校にみる親子別れの生活は今時異常だ。中学・高校生の寄宿や留学ならともかく、幼い小学生を親から切り離すのはなんともむごい。

島で近所の宮下文雄さん一家は五人家族であったが、避難で四分割を余儀なくされた。大工仕事のご主人は、同業の実弟宅に寝泊りしての働き、長女は秋川学校の寮生活、奥さんと一緒の長男は避難先の団地から地元の中学に通っている。おじいさんの介護面倒は、島では奥さんが自宅で看ていたが、避難の今は、家計を支えるためのアルバイトで施設に預けねばならなくなった。最近会ったら、そのおじいさんが亡くなられる不幸があったという。遺骨を島のお墓に納められなくて辛い立場にあり、おじいさんも寂しいだろうし、ご家族も四分割が三分割になっただけで全く気の毒だ。

ほかにやはり、近所だった家族で四分割の避難暮らしの例を聞いている。三分割や二分割のケースはざらだ。それが噴火避難が原因で生まれ、いつ果てるともなく続くとなればやりきれない気持ちになる。

島には、近年特別養護老人施設ができた。「あじさいの里」と呼び、満員の人気だった。ここの入居者の分散避難も涙を誘う話だ。顔見知りとばらばらにされた悲しい例だ。人生の最後ぐらいは仲良しに囲まれて終わりたい。

副題のやりとりは、島では古くから年寄りの介護は身内が面倒を看るという風習があるので、避難の今、家族総出で働かねばならぬ事情のため、肩身の狭い思いをしているだろうと推察した私の思いだ。次項の副題も同様だ。

4　介護と医療

……「おめーげ《家》のおば、どこのホームだ」

「言えん」……

私にとって介護は将来の問題であり、医療は今と先々も続くことがらだ。

介護ということばは知っており、介護保険料もしっかり納めている。介護の姿も見ているが、それ以上になるとなんとも心細い。介護保険法とやらで定める要介護の段階や認定手続きともなると全く他人事だ。いずれ迎えるであろう死の覚悟ができておらぬと同様に無防備だ。介護無縁でこの世を去ると決めている訳でもなく無頓着なだけだ。元気なうちはこんなものかとあきれている。

島の老人ホーム入居者五十二人は、避難で都内二十三施設に分散入居できた。新しい施設で初めてのヘルパーさんとの馴染みには苦労したと思う。不自由な身で島仲間と切り離され、家族も島でのように気楽には見舞いに行けないだろう。寂しく辛い日々が想像される。噴火避難は、このような島びとをも区別なく長期にわたり痛めつけているのだ。

元気な私でさえ避難脱出には苦労した。人手を借りねば動けない介護を受けていた年寄りは、どれほど辛い思いをしたことだろうか。世話する立場の人はもっと大きな負担だ。その間の事情は三宅島社会福祉協議会でこの仕事に深く関わった三谷彰さんのリポート（参考文献）には詳しく述べられている。読むと、島びとの高齢化の進行と避難生活長期化で困窮が進み、病気治療が思うにまかせぬ様子がよく分かる。避難後、要介護認定者が百四十六人も増え、亡くなった方も二年間で八十人になるという。災難は弱い者にしわ寄せされることを改めて身に沁《し》みて理解できる。それは自分が老いてその弱者の仲間入りをしつつあるからだ。物故者の冥福を祈る。帰島できたら島中で合同の供養話が持ち上がっている。その中に自分が入るとは思わないから困る。

さて、避難先の施設入居者のことだが、今は温かく介護を受け、苦労の中でも何とか過しているが、先行きは島びと同様不透明だ。

避難が長引く中、今島びとは火山ガスと共生してでも帰島したいと動き始めている。ガス止まりを待っていては帰島の当てがないことや経済的にも精神的にも行き詰ってきたこと、加えて帰るべき島の家屋の手入れが難しくなってきていることなどによる。

そのような厳しい環境が予想される島に介護を受けている人たちが果たして帰れるものだろうか。喘息歴の私でも二の足を踏んでいる。具体的な対応策は、復興計画策定委員会や火山ガス検討委員会等関係機関で話し合われているのだろうが、それぞれの概要報告には詳細はない。

火山活動が終息するまでには、それらの検討案の変更だってあり得るし、介護を受ける側にも変化が出る。

役場は、将来に備えて島びとにヘルパー資格の受講を勧めているが、世話する人より世話を受ける側の急増が気になる。高齢化と介護希望者増加で保険財政が危い。介護の選択も島では難しい。全国各地の離島僻地と同様、三宅島の老後の心配のタネは尽きない。

医療については、前に述べたので、ここでは帰島後の島の医療への希望を箇条書きする。

❶ 診療所に軽度患者の入院体制が整えられないか。

❷ お産も島でできると喜ばれる。

❸ 火山ガスと共生する帰島になれば、専門医の配置が望まれる。医療兼用の防災施設も必要だ。

❹ 火山ガスで空港施設の使用が危ぶまれている中、緊急輸送のヘリ確保が求められる。

独り者の私は、帰島しても避難先でも病気で寝込めば大変だ。長生きするほど他人様のお世話になる確率は高くなる。医療や介護の制度でカバーできぬ分、金・人手が必要になる。

介護制度は三年ごとに見なおしされ、十五年はその見直し年だ。改正されても老後が安心とはいかないだろう。長寿を喜べぬおかしな世の中になったものだ。

北陸加賀の田舎は、念仏を唱える浄土真宗の信仰篤い地だ。私が青春を過ごした半世紀も昔だが、「ポックリ様」という祈りが年寄りの間で熱心に広まっていた。それを思い出して話すと、今は「ＰＰＫ」と言うそうだ。説明を求めると、ピンピンコロリの流行語だと。なるほどいつの世でも望むことは同じだなと妙な納得をした。私もいつの間にか救いを求める立場に移っていたのだ。人生を全うすることがいかに難しいかを悟るのが遅過ぎた。

元気で長生きするには、健康管理を自分でするしかない。当たり前のことが、分かっているようで他人事だった。食事、運動、ストレス解消と気配り実行は大変だ。仕事や趣味で無理なくボランティアの恩返しでもせねばなるまい。生涯学習でボケを防ぎながらの老いに鞭《むち》打つ身だ。人生終わってからの宿題になりそうで情けない。

ニュースを途中で追加する。

十五年二月二十五日の新聞報道は伝える。「三宅村の介護保険基準額を四月から、三千七百五十五円」と都議会予算特別委員会で都が明かしたと。避難中の事情から国が四千四百万円、都が五百万円を支援するという。四十歳以上の島の保険料納入者数から推定しても、かなりな額だ。帰島後もこの扱いが続くとは限らない。年寄りが増える一方の島の先行きは心細い。

火山ガスとの共生を想定した帰島となれば、そのガスから守るための特養ホーム改修や入所希望者増加への対応は、費用・人手からお先真っ暗だ。各種の介護サービスも医療も心配は同じだ。

まして介護と医療の入り組んだ両制度の混雑整理には、なお年月を要すると思われるし、先に書いたように島では両制度とも、選択の余地はないのだ。一割自治と皮肉られている村財政の中、財政破綻だけは何としても避けたいものである。

それには、年寄りが病気を上手に抑え、元気に楽しく暮らして副収入の道を探ることが大切になる。病気少なく元気に働いて長寿で知られる小さな山村・漁村の例もよく聞く。

本来は個々のことがらだが、これからは島全体のシステムづくりと島びとの意識改革が急務であると唱えたい。

避難長期化に伴い悲喜こもごものニュースが伝わってくる。毎月届く「広報みやけ」には、十六年一月十二日新成人四十六人中四十人が成人式に出席し、青山佾《やすし》前都副知事から「人生は意志力で変えられる」と人生の門出を励まされた。

また、毎月一人は赤ちゃん誕生のおめでたい知らせが載る一方で、その二〜三倍の高齢者訃報には気が沈む。その中には、島一番の長寿百二歳の伊ヶ谷のおばあさんの訃報が目につき、合掌するばかりである。

噴火避難から四年で物故者は約百七十八人と伝え聞く。島の先祖墓に入れず、故人も遺族もどんなにか辛く悲しいであろうと心情を察する。

報じられること少ないが、老人ホーム入居のお年寄りや病気入院したり、避難先アパートで治療に励む方もお気の毒だ。知人の病気を知っても見舞いに行けぬのは悔しい。帰島まで頑張ってもらいたいと祈るしかない。

第三章　励ましとボランティアの助け

一　島民連絡会
……「話し合いだぞ、集まらんきゃ」……

1　各地自治会と島民連絡会の誕生
……「これからだな」

「ん」……


避難した秋から、各地の団地では自治会づくりが始まった。それは避難暮らしが短期間では済みそうもないことを島びとたちが察したからだ。

予知連の火山学者の話を解説するマスコミ報道などからも、ふるさとの島ではとんでもないことが起きているらしい。その長期対応への自衛策でもあった。

島には昔から各地域ごとに自治会があり、日常の相談ごとや火の番、祭り葬式には寄り合いが持たれ、寄付集めや役場配付物にも動いていた。その復活である。

避難後の自治会づくりは、島での住居が隣り近所とはいかず、また、顔も名も知らぬ同士で苦労した。狭い島なのに全島交流は高校生ぐらいで、ほかは初めての顔合わせだった。顔は見知っていても名は知らぬとか、その逆のケースも多かったという。それでも避難暮らしを助け合って無事乗り切ろうと、金を出し合い、年末までに二十余の自治会が生まれた。

私も葛飾区の世話役となり、三十五世帯四十余人の相手をする羽目になった。毎月一回団地に集まり、皆の意見をまとめて、都心の支援センターに持っていく。

そこでは、各地の代表がやはり毎月定期的に集い、問題点を話し合う。それを持ち帰って文書にまとめ、団地の島びとに配る往復が役に就いた者の仕事だった。団地にも都心へも遠く多忙な私には案外と重荷であった。

都心での各地代表の意見交換の場は、仮に「島民連絡者会」と称されていた。そこでの話題は様々だったが、困った方の嘆き節が圧倒的に多く、解決には役場幹部や村議会議員の出席を求めて対応した。

十三年四月からは、それらの問題も含め、島びとの相談窓口として、役場に村民課が設けられた。各地自治会の活動を事業と認めて補助金も出るようになり、島びとの負担は軽減された。会名も「島民連絡会」に変わり、会合には役場責任者も出席することになった。

会は認知されたはずだが、要望や意見が村長や村議会に届いているかすらはっきりしない仮の姿のままだった。

このような心細い島民連絡会の姿とは別に各地の自治会や有志の集まりは、それぞれの地の行政やボランティアに助けられて、実にたくましく活発に各種行事を行っていた様子がマスコミ報道からうかがえたし、島びとの口コミでも伝わってきた。朗報には気分が晴れる。

例えば、大妻女子大の干川《ほしかわ》剛史先生ご指導の「アカコッコ」三宅・多摩だよりは、十六年六月一日発行で59号を迎える。十五年二月発行43号のその内容には、三宅村災害保護特別事業の実施や都水産試験場の三宅島災害漁場調査の結果などがカラー写真多数付きで見やすく、大きな活字で載っている。予知連報告では、井田喜明会長とマスコミ記者会見（十五年一月二十一日）の公式発表内容のやりとりが佐久間達己《たつみ》村議会議員により、島びとに分かりやすく会話調で伝えられている。さらに驚いたのは、島びとが半月に一度しか知らされぬ現地対策本部の火山情況概要報告が、一週間ごとの詳細な調査数値にグラフ表まで載っていたことだ。私がインターネットで探る内容が、多摩ニュータウン一帯の島びとには実にていねいに情報提供されていることを知り羨ましく感じた。ここに紹介した内容は、同43号の一部で全体では二十ページにも及ぶ。まとまって避難しておるが故に受けられるメリットであろう。

私の地区では、とてもこれだけの情報は得られず、活動もない。

もう一つの例は非常に地味だがあえて載せる。野鳥が種類・数とも豊富で、それが日常の暮らしの場でいとも手軽に観察できて楽しめるということから、三宅島は愛鳥家の間でよく知られる野鳥の楽園であった。その野鳥学習と案内の拠点が島の太路池《たいろ》を見下ろす深い森の中にある「アカコッコ館」だ。ここの情報誌「あかこっこ」は、避難した今も東京の渋谷区初台にある日本野鳥の会の一室から、三宅島野鳥情報として根気よく島びとと全国の愛鳥家に送られている。活動されているのは、島の「アカコッコ館」レンジャーの山本裕さんだ。

その活動の一環である講演を千葉県我孫子《あびこ》市役所の会場で聴いたことがある。演題は、「三宅島噴火と野鳥」で、十三年十一月十八日のことだ。

二つの例に見られる会報名は、三宅島のシンボル鳥アカコッコに由来する。

アカコッコは、ツグミ科の野鳥で実に美しい姿だ。声も玉を転がすように見事な囀りだ。一度接したら決して忘れられぬほどだが、研究者らの報告では、噴火で1／3ほどに減っているという。国の天然記念物で、伊豆諸島と鹿児島県吐噶喇《とから》列島だけにしか棲まぬ絶滅危惧種の貴重な存在であることを付け加えておきたい。

ずいぶんと話が横道に入ったので戻す。十四年正月には、避難長期化が決定的となり、島民連絡会を公式なものへと格上げ認知の動きが出てきた。二十数地域代表でその設立準備委員会を設け、精力的に話し合いを重ねた。結果を第四回ふれあい集会に提案し、島びとに承認された。

会は、会則や組織を持ち、活動財源を従来の自治会補助金の一部提供に求め、自前の事務局を抱えて、毎月「れんらく

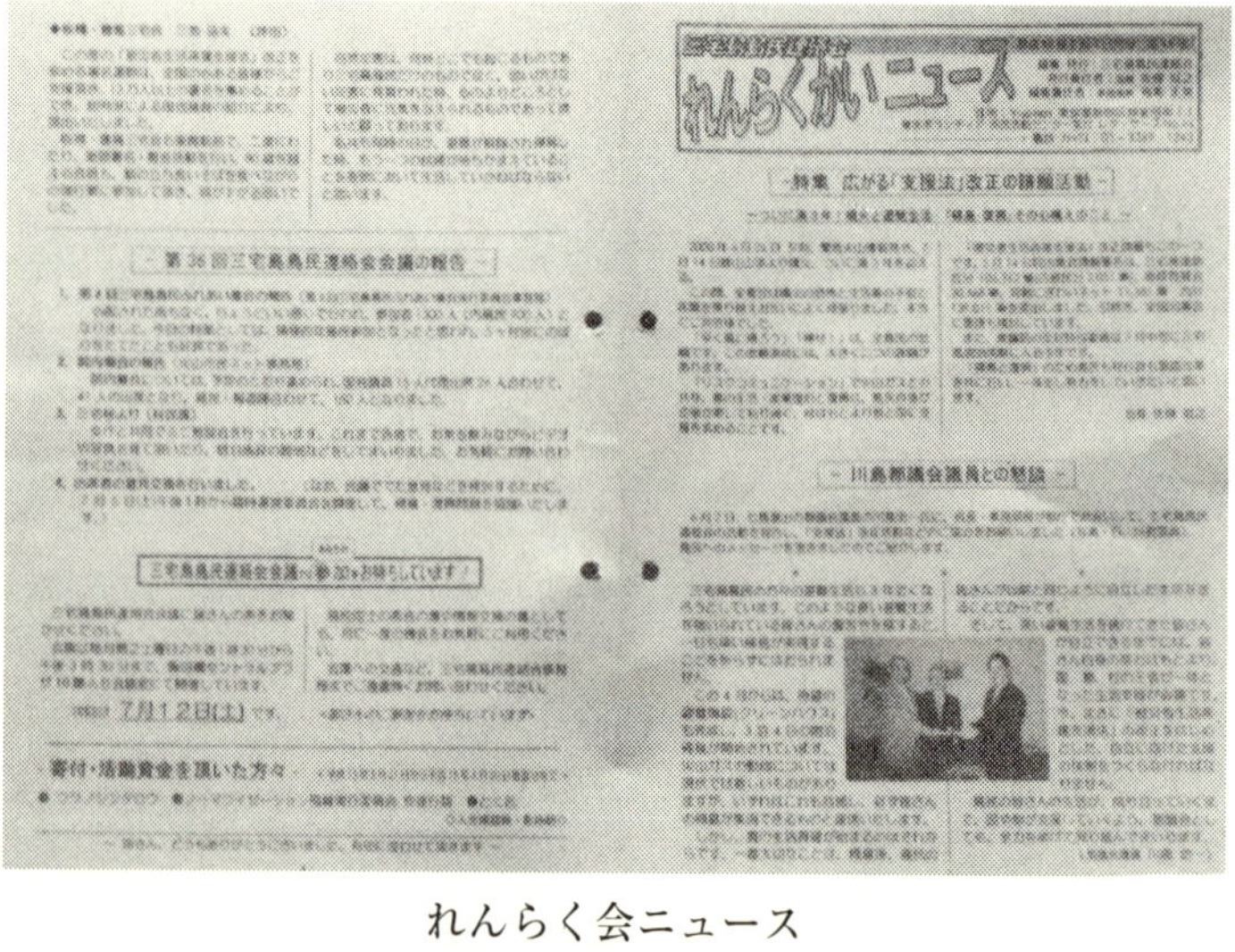
れんらくかいニュース

-特集 広がる「支援法」改正の請願活動-

-第36回三宅島島民連絡会会議の報告-

-寄付・活動資金を頂いた方々-

れんらく会ニュース

会ニュース」を発行する本格的なものだった。会長に佐藤就之《しゅうし》さんを推し、各担当の役も決まった。しかし、実態は依然ボランティア中心の姿だったし、事務局も支援センターに間借りして、その助けを受ける門出であった。

正式発足は、十四年四月十三日である。「れんらく会ニュース」第一号は、同年五月一日発行された。

この誕生により、島民対話集会や請願・陳情運動などが活発化した。一時帰島も始まり、島の実態に合わせた要望もでき、一歩前進と評価したい。噴火避難から実に一年八カ月も経っており、同じ境遇の長崎県雲仙や北海道有珠《うす》に比べ、出遅れの感は拭えないが何はともあれ祝福だ。

私は大学に通っていたり、書きものなどもあってこの機を区切りに地域の役を辞し、島民連絡会へは個人ボランティア参加に切り替えた。

十五年春の段階で都内の区市や団地単位に四十数自治会が生まれ、それぞれに活動している。一方、千葉県・静岡県や伊豆諸島などにはかなりの島びとが暮らすが、地理的な問題もあって、島民連絡会との交流話は疎らで寂しい。同様の悩みは埼玉県にもあり、自治会はあっても交流は難しいという。散らかった避難がネックだ。

島の防災現場で働く島びとは二百人近くいるというが、夜はそれぞれのクリーンハウスに戻るのだから、お互い連絡し合って現地の自治会をつくれないものだろうか。島の様子をもっともよく知り得る立場の島びとだ。島で暮らす生の声を避難先では切実に待ち望んでいる。体験から感じることや意見は、島の復興にきっと役立つはずである。

次は、十二年冬を目前にした葛飾三宅会スタート時の会話の様子を記憶頼りに再現してみた。

「役は男衆《おとこしゅう》と昔から決まっとる」

「今の時代、男も女もない。できる人がやればよい」

「だ《誰》がやる。ここは年寄りだけだぞ」

「どーするべー」

その後の帰島話では、

「いつ帰れるずら」

「子供は戻らんいうとるが。おら一人でも島に戻りてー」

「家で死んで、先祖の墓に入りてーな」

「だからよ。悲しいな」

「病気せずにがんばるしきゃねえーな」


三度目の避難正月を過ぎると、電話から次のように伝わってくる。

「おら、ひざ痛くて階段が辛いが」

「おいよ、われもか。おらもそうだ。娘が買い物に来てくれて助かっとる」

「つれー《辛》な。としだもん《老い》、しょーがなかんべ」

「ふれあい集会は、バスが送り迎えすっから行くべよ」

「仲間と出会うからな、楽しみだ」

「今は、電話でかたる《話す》だけだもんな」

「おらの楽しみも同じよ」

「がんばろうな」

「おーよ、おめーも達者でな」

同じ団地に暮らしながら、寒い外出を避けての電話やりとりだけになっている年寄りの姿が目に浮かぶ。
ボランティアの人たちと地域交流を進めているのは、中年以下の女性が多いようだ。それは本土から島にお嫁に来たという事情が絡む。島育ちの島ことばで過ごしてきた年寄りでは、都会の風習に馴染むのは容易でない。

島民連絡会にも疲れが見え始めたが、踏張っている島びとも多い。各地自治会の活動にも濃淡が生じてきた。そんな苦難の中でも、支援団体の助けを借りて、次のような活動を続けている。

「帰島復興を考えるフォーラム」
十五年八月三十一日、豊島区民ホール
島民の各産業代表八名がパネラーとなり、思いを訴えた。参加島びとからも声が出て、討論に近づいた。島びと自身が声を上げ、行政や世間に訴える行動が評価された。参加島びとは約百人と伝えられた。

「自然災害被災者生活再建支援法」

「自然災害被災者生活再建支援法」が改正されたのは、十六年三月三十一日である。島びとも署名運動に立ち上がったが、雲仙や有珠の火山ネット仲間や阪神淡路の地震被災者、そして全国の支援者や国会議員らの力添えがあってのことである。全国で約十六万人余の署名が集まり、国会に陳情した成果である。

「第三回火山災害ネット」

これは十六年八月二十八日の予定催しだ。東京新宿に会場を設け、専門家の話を聞いたり、雲仙・有珠の人たちと避難の地で会えるのがよい。経験し復興の先例から、実りある学習を得たいものだ。

島民連絡会、各地自治会、それを支える島びと頑張れと叫びたい。

2　ボランティア支援団体

……「知らんもんが、助けてくれるぞ」……

島びとで「ボランティア」のことばを知らぬ者はいないと思う。日本中・世界中の災害地や紛争の貧困地で実にたくましく立派な活躍をし、高い評価を得ている姿を日頃テレビでよく目にしているからだ。

でも、それは他人事で観客席の立場。島びとが自らボランティアとして汗水流すことは少なかった。

今回の避難では、日本中から支援の品々を貰い、募金の温かい気持ちに触れてボランティアを実感したと思う。そして今なお続くその支援に心から感謝している。

毎月の「広報みやけ」に載る支援いただいたボランティア名だけでも膨大な数だ。数えてはいないが数千を超えると思う。

その数多い支援団体の中から、代表例を二つだけ挙げて紹介する。噴火当初から今に至るまで継続的に、また徹底して多大な支援を受けており、感謝の意味を込め代表してもらった次第である。

他の支援の方々載せられなくて申し訳ない。

今もっとも身近に常時接しているその支援団体とは、「三宅島災害・東京ボランティア支援センター」である。あまりに長い名前なので、略して「支援センター」とか「ボランティアセンター」と呼び、それで島びとには十分通じる。世間には「三宅島」を冠して使う。以下その略称で通す。

避難してすぐは、右も左も分からず、支援センターに唯々助けてもらう一方だった。それは今もあまり変わりはない。

世話を受ける相手は、ＪＲ飯田橋駅と並ぶように旧江戸城外堀を埋め立てる形で建つセントラルプラザ十階の一部に事務所を構える。全体の組織は大きいらしいが、三宅島を専門に支える事務所は、上原泰男事務局長のもとスタッフ数名と小所帯だ。でも、その働きは大変なものである。別の項でも取り上げるので、知る限りの事業名を次に列挙する。

・「島民ふれあい集会」　半年に一度
・「みやけの風」発行　毎週一回
・「島民電話帳」づくり　現在第三版
・「ふれあいコール」電話　常時
・「アンケート」の実施
・「連絡用電話ファックス」の設置
・「避難一周年記念パネル展」
・「三宅島関係ビデオ」貸し出し
・「都区市町村とのボランティア事業の提携」

何より大変なのは、全国からの支援物資の受け付けやその配付と義援金の受け取り整理にそのお礼。そしてセンター自身の活動費を集めて回るご苦労は、デフレ不況深刻な折、並々ならぬと頭が下がるばかりだ。

島びとも今はわがこととして協力するが、一般市民のボランティアは、人・量とも島びとの比ではないだろう。感謝々々である。

支援センターの側もこれほど長期間三宅島に関わるとは予期せぬことであったろうと申し訳ない思いでいっぱいだ。

上原事務局長ほかスタッフの方々に改めてお礼申し上げ、この先なお続くであろう避難暮らしに重ねてお力添えお願いする次第である。

ここに載せられなかった全国のボランティア支援の皆様、本当にありがたく存じ上げる。

このご恩は、復興の形で必ずお返しする覚悟である。

第二の例に東京青年会議所の支援を挙げる。

「村長・村議選立候補者公開討論会」

この選挙では、立候補者も島びとも困惑した。東京だけでも広く散り、選挙運動期間も二日延びただけだ。戸惑う島びとを助けたのが東京青年会議所のメンバーだった。

十六年二月七日、新宿区津久戸小学校に会場を設け、立候補者全員を集めて公開討論会を開いていただいた。同校体育館に集まった島びと約二百五十人は熱心に立候補者の主張に耳を傾けた。温かい支援のおかげで約八〇％の投票率で選挙を終え、新村長と十人の村議会議員を選べたことに感謝する。

平野祐康新村長は、年内帰島を目指して努力すると公約して当選した。ことば通り実現するかどうかは別に、当てのない沈みきった避難の島びとに夢を与えてくれたことは嬉しい。因みに村長・村議選の投開票日は、十六年二月十五日であった。前村長は任期を残して辞任したので、村議選と併せてのダブル選挙となった次第である。

追加の形になるが、支援センターは、十五年二月二十四日ＮＨＫから放送文化章を受賞している。賞の正式名は長いので略したが、日頃のご苦労が報われたことをお祝いする。

3　みやけの風
……「島ことばの便りは、いいな」……

「みやけの風」は、支援センターから毎週一回島びと宛に届く避難者向けのニュース便りだ。

その内容は、島びとの動静や避難の個々の現状と心境のほか、行事の案内、そこに参加しての感想などで、島びとの提供する情報が中心だけに身近で親しみやすい。特徴は、島ことばの冒頭文にある。これが魅力で四季折々の島の自然や暮らしを懐かしみ、四散している仲間の心情に想いを馳せるのだ。知り人の記事が載ると読み返す顔が綻《ほころ》んでくる。

発行責任者は、上原事務局長で、実質の製作担当者はウラベノリコさんと坂上幸一郎夫妻である。

第一号が十二年十月十六日に、第百号が十四年十月二十六日、そして十六年六月十二日の時点で第百七十七号に達している。発行の長寿を喜ぶほどに避難も延びるのだから、複雑な気持ちだ。号外も

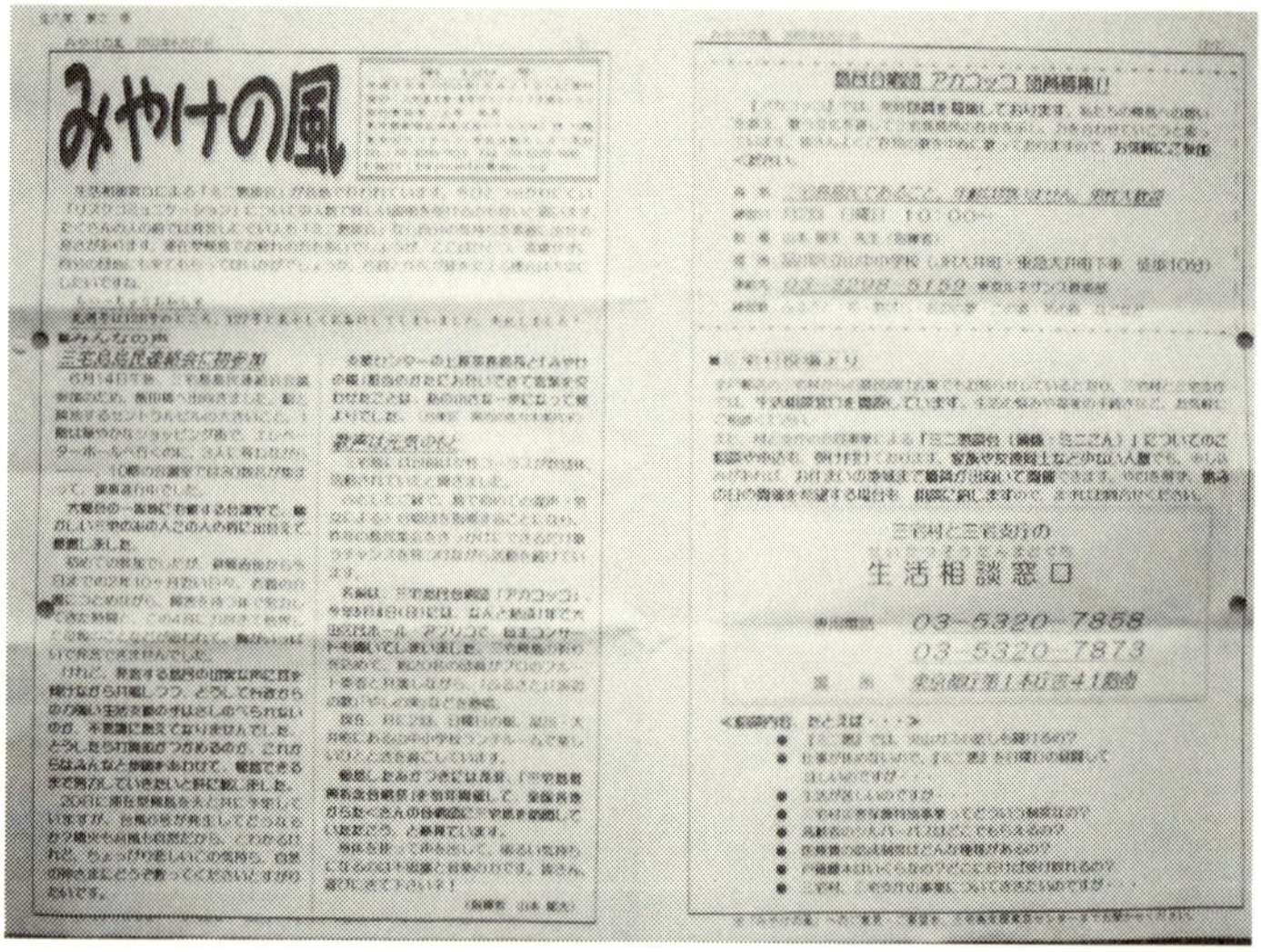
みやけの風
生活相談窓口
03-5320-7858
03-5320-7873

みやけの風（2003年６月21日129号）

別に出ている。毎週休みなく続けるということは、大変な努力だ。忙しくても病気でも休めない。それも三人での仕事だから驚き感謝する。島暮らしが短いのに、よく島ことばを理解されたと脱帽だ。

「みやけの風」はA3版で構成され、通常は一枚。各地自治会のファックスに送られた後は、コピーされたり、回覧の形で各世帯に届く。多くの島びとの支えによる長期継続事業の典型例だ。

第一号には、三宅島噴火被災者の支援をボランティア活動で行うこと、島びと同士の協力体制をつくる手助けや情報の交換、生活再建の動きを見守るなどの趣旨が載っており、予定期間も十二年十月十五日から翌年三月末となっていた。誰もがこんなに長期になるとは考えていなかったものと思われる。支援団体として三宅島社会福祉協議会などいくつも並び、いずれも事務所は支援センター内とある。

第三号は、十二年十二月十五日発行で、島民電話帳第二版発行、みやけの風配付用ファックスを各地自治会に設置、会の前身と思われる似た名前の「島民連絡者会」の定期会合、ふれあいコール事業発足など現在の活動原型が盛りたくさんに載っている。

第二十七号を見ると、ほぼ現在の形となり、「みんなの声」が各地から六件も載せられている。

第六十三号になると、二度目の正月を避難の地で迎え、長期化への覚悟が寄せられた島びとの声からその窮状が察せられる。

冒頭の島ことばで始まるようになったのがいつ頃なのかは、ついぞ調べ忘れたままだ。

第七十九号では、村長、村議会議長を通しての要望が衆議院災害対策特別委員会で決議されたことが報告されていた。

第百一号からは、島びとが各種行事に参加し、それぞれの生きる道を探りながら懸命に生き、帰島を待ち侘びる姿が読みとれる。

第百七号「大崎さんの三宅島通信」は、非常に貴重な島内情報であり、その意味を深く受け止めてほしい。内容は十四年中、島の店で働き、島での実体験をミミズに托して避難者に伝えたものである。次のような一節がある。

「噴火前、ミミズはスコップで掘ると何匹も出てきたのに、初夏の頃は掘っても掘っても現われない。大変だ。背筋がゾーッとした。あきらめずに掘り続けると、有機質の多い所からやっと二〜三匹見つかった。疎らではあるがあちこちから見つかった。ミミズのいる土なら大丈夫だ。安心した。

ハンノキ林と竹《シノダケ》は元気です。

噴火から二年余、三回目の冬を迎え、落ち葉が少しずつ積もって薄いジュータンをつくり、その上に様々なツル植物が這いまわり根を下ろしています。噴火前のハンノキ林の光景が広がっています。自然は休みません。豊かな大地を作り続けています

記事には場所の特定がない。島の一部のこととはいえ、気分を明るくさせる便りだ。このような形で、島の身近な野鳥のこと、虫や蝶のありさま、ツバキやスイセンの花便りなど季節の姿を知りたいと避難の島びとは強く望んでいる。自然環境・生活情報が欲しいのだ。

帰島は開拓あるいは開墾になりそうだ。その覚悟の材料に島の自然情報は欠かせない。大変貴重な体験を素朴な形で伝えて下さり、感謝の気持ちで引用する次第である。

ミミズ存在の多少は、耕作土が健全かどうかを知る一つの目安になっている。ヨーロッパでは、家庭の生ゴミ処理にこのミミズを台所の箱で飼育し、その培養土で庭を飾る草花を栽培している国もあるという。

「みやけの風」も、今後は島びとの動きから、「被災者生活再建支援法」改正の署名活動で、生活困窮者の支援や島の家屋の保守を求める方向に動いていくと思われる。

また、十五年四月から始まった三泊四日の滞在型一時帰島でも家屋手入れだけでなく、帰島後の生活再建が具体的内容で語られることになるだろう。

なんといっても帰島の時期がいつになるのか、島に帰って収入を伴う仕事をつくれるのか、ガスに対して安全に暮らしていけるのかなどが島びとの最大関心事であることに変わりはない。また、戻れない島びとへの配慮も大切だ。

「みやけの風」の内容が、その方向に動き、また反応として具体的問題提起や解決案が次々載るよう強く望んでいる。

4 電話帳とふれあいコール
……「顔見て、話してーな」……

❶ 電話帳

島で電話をかける相手は、ほとんどが島内《しまうち》の仲間だった。だから避難前は電話帳提供のNTTも「三宅島・御蔵島版《みくらじま》」という四十ページほどの軽くて活字の大きなものを配り重宝していた。子供や親戚・知人が本土にいて電話用事もあるが、その分は別にメモしておけば済んだ。

避難の東京では、区内版でも厚さ五～六㎝、とても重くて活字も小さい。必要な電話相手は住所録に頼るので、使ったことはない。提供のＮＴＴに申し訳ないが死蔵している。

ここでは、避難した島びと仲間の電話やりとりを中心に書く。

避難の地で島びとがお互いの無事や用件を伝え合う時、もっとも頼りにしているのが前に述べた支援センターとＮＴＴ協力の成果、「三宅島・島民電話帳」だ。これを手懸りに電話をかけ、安否確認、緊急連絡、用件伝達、愚痴こぼしなどのストレス解消にまで役立てている。手紙やはがきの多い私は、専らこの電話帳の住所録を利用している。

この電話帳つくりには、多くの島びとやボランティアが手伝ったと後日知り、ありがたいことだと感謝の念でいっぱいだ。

電話帳を初めて手にしたのは、十二年十月二十六日である。全島避難からでも約二カ月経っていた。それまでは親戚間でも居場所が分からなかった。三宅島避難では、死者や事故のニュースがないことから、どこかに無事過ごしているものと信じるしかなかった。親しい者の安否確認ができず、空しくいらだつ期間だったといえる。

多くの島びとが村役場に問い合わせたが、プライバシー保護を理由に拒まれた。

役場には、役場としての行政上の理由があることは重々承知しているつもりであったが、情報を把握している役場が、今もっともそれを必要としている島びとには、格別の配慮をしてもよいのではないかと憤慨したものだ。

このような情況打開には、村議会に頑張ってもらうしかないが、その頃は村議会議員すらどこにいるのか分からなかったのだ。

島では、三十余年前までは番号など忘れても、部落と屋号を言えば、交換手がつなぐ仕組みの電話だった。その後ダイヤル式に変わり数字苦手の私は苦労したものだ。避難上京するまで、記念発行のテレフォンカードをずいぶんと貰ったが使い方さえ知らなかった。避難上京しても携帯電話を拒む私に不便だろうとテレフォンカードが次々届くが、その使い方を知ったのはごく最近だ。

私は昔から電話が苦手で、専ら手紙重用組だ。郵便は三日あれば日本中に届き、留守でも大丈夫。国際便なら、イギリスの片田舎でも四日で届く。大連、ホンコン、シンガポールなども百十円で済む。はがきなら数分で書け、相手留守を気にせずともよい。そんな私にファックス電話を下さった方が現われ、しぶしぶ取り付ける羽目になったが、案の定一年余で壊してしまった。仕方なく新型に替えたら、不要だと仕舞った子機とやらが天袋の段ボールの中でうるさく鳴っている。面倒なので年中留守電話機能にして、それを聞くこともない。要するに私には電話は馴染まず、暮らしにも不向きということだ。電話をかけるのはよくよくの時だ。未だに自宅電話番号を憶えず、時折身分を疑われる始末だ。脇道から戻ろう。

電話帳二版は、避難の年の暮れに発行された。氏名別、地域別になっており、郵便番号に住所まで載る本格的なものだった。郵便偏重の私には、住所録として大変役立っている。三版は現在のもので、十四年初夏に受け取った。島時代と同じく、軽くて字が大きい。

この電話帳に私の親しい漁師Hさんの名と住所が初めて載り嬉しかった。彼は島の漁協の定置網船頭さんだ。島では、その大役を果たす人が皆老いて退き、わざわざ来てもらったのだ。たぶん三宅島避難者では、最も北国に暮らす人と思う。ふるさとがそちらなのだ。この人と私の間の手紙往来はおもしろい。文字書きがわずらわしいHさんの性格を思い、便りには○△×の印をつける形で要点を記し返信用も添えて送る。日ならずして返事が戻ってくる。およそのことはこれで十分なのだ。

この電話帳三版つくりと発送には島びとがわがこととして働き、手渡しをモットーに頑張ったと「みやけの風」や島民連絡会で報告があった。島びともまた、この電話帳から受ける恩恵は計り知れないほど大きいはずだ。誰もが関係者に労《ねぎら》いを述べたい思いに違いない。この費用捻出のご苦労や寄付してくださった皆様にもお礼申し上げる。

島では、もともと話し中心の暮らしで、読み書きが加わったのは明治以後のこと。この点は全国同じである。戦後の経済成長で読み書きに明るい高校卒業生の多くが島を離れた。船便で届く一日遅れの新聞が読まれるようになり、それがテレビに主役を譲っても、日常の用達しは相変わらず会話中心であり、読み書きは脇役のままだった。その会話が直接ではなく電話に置き替わったのは、長寿で遠出が不自由になった年寄り層が急増したここ二十年ほどのことである。

島で重宝されていた電話暮らしが避難の東京で蘇ったのだ。島びとの声の交流は、この電話帳で一段と気楽に賑わいを増した。

悩みは電話料だ。離ればなれで暮らすためつい長電話になる。おまけに区部と多摩地区は市外料金なのだ。島と東京間は、特例でつい近年、市内料金扱いとなり大喜びしていたのに、この東京に移って逆戻り料金は辛い。

それに電話番号が区部で八桁、市部だと十桁になる。相手によっては、携帯電話も別にあって区別にわずらわしい。島内電話は五桁で済んだ。

それにしても東京では電話に頼ることが多い島びとたちだ。だから、この電話帳は宝物となっている。

副題の会話は、次の「ふれあいコール」にも絡む。

❷ ふれあいコール

これは、島びとが避難中の年寄りを励ますボランティア事業だ。孤立した遠隔地の人や病気がちの人には救いの神だ。電話料は支援センターが負担する。電話は、飯田橋の支援センターに設置されていて、コールボランティアに登録された島びとは、そこまで出向き、顔知った年寄り相手を探して電話をかける。お礼に交通費と昼弁当が出る。

十三年一月十六日に始まり、大変好評で今日まで続いている。

その様子を喜んでいる側の島びとから直接話を聞いたので、次に紹介する。

埼玉県新座《にいざ》市の息子宅に夫婦で身を寄せる山田千枝子さんは、島の高校で長く一緒に働いた仲だ。近所には島びとがいない孤立組だ。

毎月一回受ける電話は、待ち遠しくてとても嬉しいという。でも、重なると欲が出るのか、やっぱり顔合わせて話さないと線でつながる声だけでは寂しいと愚痴っぽくなってくる。会話の相手は変わらないのだが、避難が長引くと厚意にも甘えが出てくるのだろう。

ふれあいコールを貰ったことのない私は、その話を羨ましく聞いていた。そして「電話をくれる相手は誰」と立ち入って尋ねると、なんと島で近所の人だった。その相手も避難長期化で今は働きに出て、もう電話も来ないと嘆きに変わっていた。

そんな折、私にふれあいコール第一号が届いた。初の嬉しい声の主は、島で同じ地域の沖山仙明さんだった。私は初めてのお礼を述べ、電話を切った後も爽快な気分に浸っていた。この方から四季折々にいただく写真入りの温かい心遣いのことばを添えたはがき便りについては、後の項に譲る。

その翌日、ふれあいコールの様子をテレビが放映していた。世の中には不思議な続きがあるものだと驚いたものである。

その放送から、当初は年寄りが対象だったが、今は島びと全部の心のケアが課題となってきたので、誰でも電話が貰えると知る。ところが皮肉なことに二十五人が登録していたスタート時のコールボランティアが、一年十カ月後の今は五人に減ってしまったという。長引く避難で働きに出る人が増えたのが原因だ。それでも、これまでに四千件以上の電話がかけられたというから、立派に役目を果たしている。

「みやけの風」八十五号には、島で家が隣りの方がこのコールボランティアで活躍する様子が載っていた。島で隣りといっても五〇mは離れている。昔から知っている方であり、こんな場面で活動なさっていたのかと嬉しくなった。

なお、この号ではコールボランティアを募集していたことも付け加えておく。

避難長期化は、様々な面で島びとの暮らしにひずみを現わし始めていることが、このふれあいコールからもうかがい知れた。

5　あじさいの里の慰問
……「旅《たび》のねえちゃんが来て泣いたが」……

六十五歳以上の年寄り宅では、毎月あじさいの里から訪問介護を受けている。実態は慰問でも、孤立している病気持ちの身には嬉しい。独り者ならなおさらだ。近くに島びとがおらず、足腰衰え地理不案内で遠出できないケースでは涙の歓迎になるという。

この事業は、島の特別養護老人ホーム「あじさいの里」の三宅村委託緊急雇用策である。避難先に散在する年寄りの健康状態や生活の様子を心配し、支援するために十三年四月から始まった。このような補助金行政は、評判がよい。

あじさいの里は、島の施設が避難で空になり、今は休業状態だが、帰島ともなれば必要な存在だ。そのことから職員削減の上、再開に備えて仮の仕事を東京で行っているのだ。

この事業は、島の社会福祉協議会や民生委員、それに都や避難先区市の支援も加わる複合体協力事業である。

島では私も元気だったし、地域社会の結び付きもあったが、今は違う。毎月薬をどっさり飲むし、高血圧・不整脈・喘息も抱えている。外出も多く、自宅でも書き物で多忙だ。いつ倒れるかと不安が付きまとうし、近所に看てもらう人もいない。心配で、定期的に様々な会合にも出席し、便りも繁く出す。それだけにこの慰問を心待ちにしている組だ。

この地域の担当は、卒業生の河井景子さんでありがたい。様子伺いの電話もあって心強い。地域担当制になる前は、訪れる人が次々と変わり、島びとでも初顔合わせのことが多く、副題のような会話となった。

ここでも初期の対応で集団避難が実現しなかった影響が尾を引いている。私は今、団地建て替えの引越しにぶつかっている。隣りの区にも同じケースがある。今からでも遅くはない。様々な事情で帰島できない島びとを予想してこのような機会に根気よく東京三宅村を作っていく努力を始めてほしい。

都内避難者はまだいい。身内を頼って遠くに散った島びとは、この慰問どころか、ふれあい集会、住民説明会、島民対話集会にさえ参加は難しく、一時帰島の船中では寝ずに話し込んで寂しさを補ったという。数は少なくとも社会から切り離された島びとの寂しさや無念は想像以上のものであろう。

蛇足《だそく》にはなるが、副題の「旅《たび》」について書く。

島暮らしでは、長らく各地域間の交流が疎らであったことで地区方言が生まれたと前に書いた。

島では、隣り地域の人を「旅《たび》の者《もん》」と呼ぶ。年寄りは、今でも「旅に行く」とか「旅から来たか」と言う。若い人は、神着《かみつき》とか坪田《つぼた》と地名で呼ぶが、年寄りに混じって話すと「阿古《あこ》部落」とか「内地者《ないちもん》」と口から飛び出す。私は「他所者《よそもん》」だ。近年観光客が増え、各地域の交流も盛んになって古い方言は消えつつある。都会ことばと入り混じってもいる。島の年寄りことばは、貴重な伝承文化としての側面から、あえて取り上げた。

気がつけば、島びとは今全員が避難長旅《ながたび》の最中にある。島ことばで「旅に出ている」のだ。

私は避難長旅を利用して二年間大学に通っていた。その旅も十五年三月で途中落伍して終わったが、小石川や本郷への道筋、根津駅からバス代節約で歩いた。途中、根津神社や白山神社に寄って無信心者が神妙に手を合わせた。昔のことだが、イヌが鳥居に片足を上げて何やらしているのを目にした。友だちと、人間も罰が当たるか試したことのお許しを祈っていた。過日、とげぬき地蔵尊を見物がてら覗《のぞ》いた。人並に焼香し煙を浴び本尊に頭《こうべ》を垂れた。ふと顔を上げると仏様が歩み寄って来られるようで震えた。無節操の罰当たり者は、老いてもこのありさまだ。

念願の帰島を果たしても介護のお姉さんが優しく面倒みてくれるだろうか。善行を積まなかった者《もん》の旅の果ては、三途《さんず》の川で決まる。今さら悔いても遅い。さて、困った困った。

十　全国からの励まし
……「助けてもらうべよ」……

1　義援金と国や都からの援助
……「ありがたいよな」
「おーよ」……

❶ 義援金

全国の皆様、三宅島に寄せられた義援金総額は、二十六億八千四百三十一万千百四円に達しています。この額は三宅村「広報みやけ」に載る十六年四月末現在のものである。苦しい時ほど親切は身に滲みてありがたいものだ。改めてお礼申し上げる。

島びとは、これまで四回その配分を受けている。

一回目　十二月十一月二十七日　二万八千円
二回目　十二年十二月十二日　　二十一万円

義援金配布等状況調べ

平成15年３月末現在（単位円）

区　分	東京都分	三宅村分	利　息	計
収　入	1,750,000,000	883,583,522	583,401	2,634,166,923
配　布	1,957,570,000（都村計）		ー	1,957,570,000
残　額	676,013,522		583,401	676,596,923

義援金ありがとうございました。　（敬称略）

大泉女声合唱団
岩倉高等学校機械科3年20級一同
梶原　好子
茨木大池郵便局
川村　謙
並木　敏博
日本鋼管㈱薄板営業一同
常盤台１、２丁目町会
関　修司
世界青少年育成協会城西支部
国際人文交流協会
しんわ本人自治会連合会
東京都南多摩東部建設事務所職員一同
ミヤコドリ会都区職員有志一同
宇田川　国一
成城学園高校３年Ａ組
タンニンツツ
チバマチづくりキョウギカイ
中村　和子
白井　弘子
横坂　ひこ
矢山　恵子
匿名
中村　次男
荒木　妙子
葵高校(旧会津女子)3−9組
秋元　敏勝
青年海外協力隊東京OB会
品川区立城南第二小学校
調布上石原三郵便局
ルーテルホイクエン
矢満　昌子
中日新聞社会事業団
モリ　ヨシキ
昭和第一高等学校2年G組
池田　聡
上原社会教育館文化祭実行委員会
市ノ宮朱美音楽事務所
栗本　聖江
岩井田　倫子
宮本　秀子
匿名
㈱山田商店
㈳日本版画協会
小泉　幸代
上原　力男
サトウ　キミヒコ
ＮＴＴ労組退職者の会埼玉県支部議会
新潟秋葉町郵便局長
㈳日本音楽事業者協会
大東文化大学第一高等学校
(名簿は平成15年3月31日現在)

「広報みやけ」より：三宅村提供

三回目　十三年五月十五日　　二十一万円
四回目　十三年十二月七日　　二十一万円
単身の私で右のような合計額六十五万八千円である。人数割りで増える世帯では、百万円から百五十万円になったであろう。私は年金でなんとか暮らせるから帰島した折の出費に備えて大事に貯えておる。
寄付下さったのは数では個人が圧倒的に多く、そのお名前や企業・団体名は毎月の「広報みやけ」に載っている。それは今も続く。
善意の募金は、友交を結ぶ小金井市や長野県高遠《たかとう》市のほか、全国の婦人団体、企業や職場仲間、ＰＴＡやボランティアの方々、町内会、幼稚園から大学、働く定時制高校の生徒さん、宗教団体、遠くの離島や外国からも届いている。山間の小学生のお手紙を添えたニュースも耳にしている。重ねて感謝の気持ちを述べたい。
配布残の七億円余は、三宅島復興に直接役立つことに使われるよう願っておる。

❷ 支援品

義援金と同じほど数多くの品々が届き配分された。私は衣類のほとんどをこれらの品で済ませている。日用品・家具までいただいた島びともいる。予期せぬほど長くなった避難暮らしであるが、私は今の暮らし維持には十分と受けとめ、感謝の念でいっぱいだ。

❸ 東京都や国の支援

都は都営住宅を家賃免除で提供した。財政苦しいなかでの配慮に感謝する。国も自衛隊を派遣し、警察や消防のほか、予知連学者や調査団、防災関係の様々な手配と予算を目に見える形で支援され、心強い思いだった。

阪神大震災を教訓に生まれた「被災者生活再建支援法」の初適用はありがたか

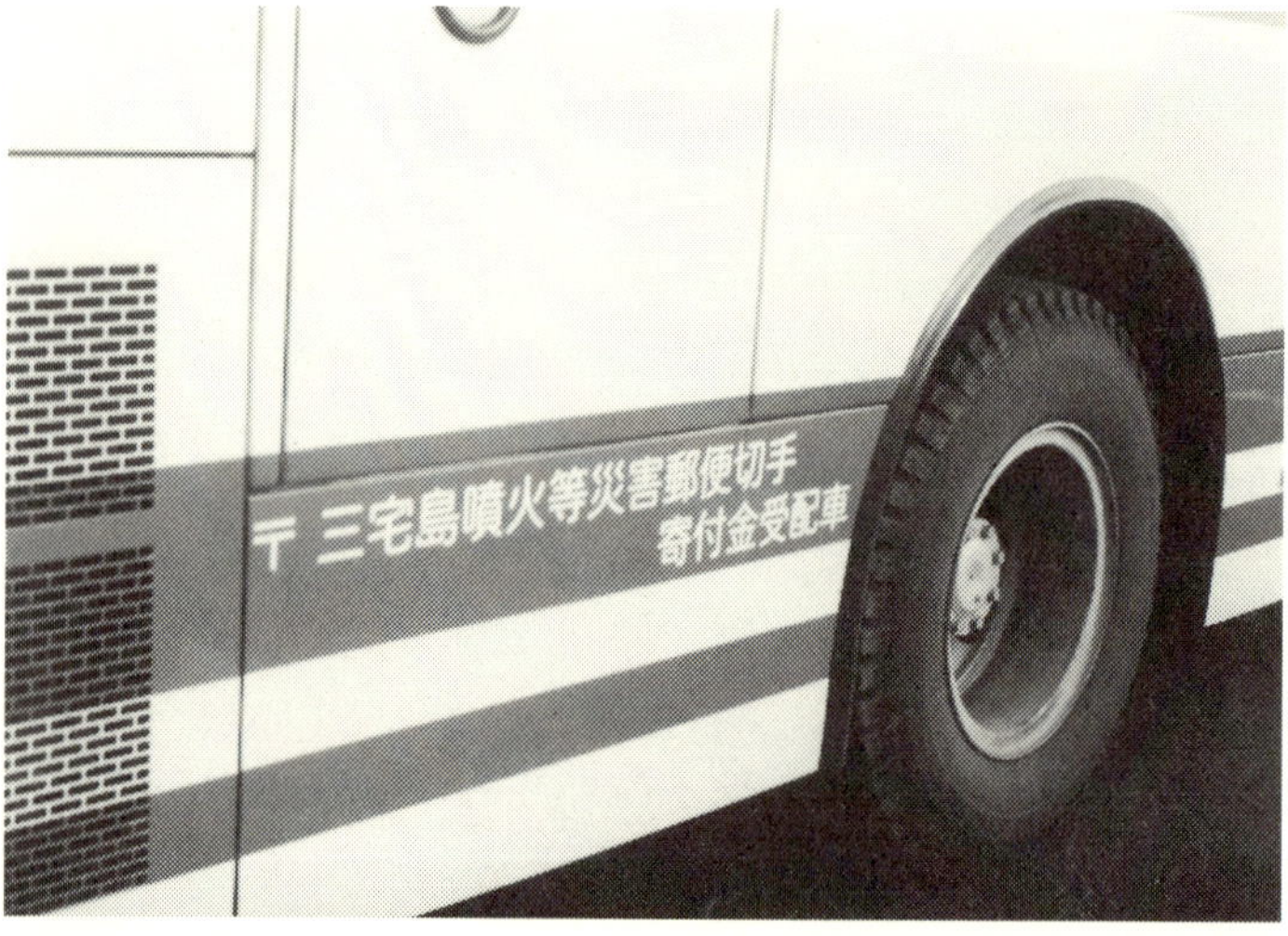

寄贈されたバス

った。単身者の私でも七十五万円の支給だ。だが、これは生活必需品の現物支給で、ふとん、洗濯機、テレビ、鍋茶碗など使用範囲が限られ、満額使えず残っている島びともいて残念である。

ともあれ、先の義援金と併せると百五十万円ほどの金額相当分になり、感謝々々である。しかし、この法律でも三宅島のような離島の長期避難のケースは想定しておらず、施行五年の法見直しを機に国会に改正請願の署名を提出している。

ほかに郵便の三カ月無料扱いやテレビ受信料免除もあり、ありがたいことである。

また、避難先自治体や団地でも面倒みてもらい支援の厚意に甘えている。ここでも孤立する避難組はボランティアの救いの手から漏れ、ニュースに流れる話を羨ましく思っていた。そこへ区の民生委員から、年末ごとに一万円のお見舞いが届き嬉しかった。地方に逃れた人はどうなっているのであろうか、詳しくは分からない。

私は、昔の小中高校の同級生とずっと文通があったおかげで、ずいぶんと慰められ、物心両面での援助を受け、癒され助けられた。

島びととの往来が地理的に難しい分、団地隣りの都立農産高校の職員や生徒さんらにも支えられているし、地域文化団体の仲間に加えてもらうことで孤独から救われている。大学でも二年間息抜きさせてもらい、不満は少ない。人混みの競争社会を逃れ、離れ島で今様流人を楽しんでいたような私だが、すねた暮らしの根っこには、やはり人恋しいものがあったのだとこの避難でつくづく思い知らされている。

それにしても三宅島避難者だけが不運を一身に背負っているわけではない。国内でもデフレ倒産、リストラ、病気や事故で苦しむ人は多い。ホームレスを見下す人に一度その姿をじっと見つめてもらいたい。今の日本社会なら、ある日突然その立場に陥ることさえあるのだ。閉じこもって愚痴をこぼす島びとに電話する時、それらのことを話して励ます。でも、時おり展覧会で訪れる上野の森でそのテント姿を眺めるだけの私では、励ましにも迫力がない。日本人だから十分保護受けられるのだよ、と最後は意図と異なる結論になる。

世界を見渡せばもっと悲惨だ。パレスチナやイラク紛争地は日々戦場だ。アフリカのエイズ患者も見捨てられたままだ。内戦で苦しむのはいつも、いつも幼児・女性・病人と老人だ。その内戦は、チェチェン・アチュ・スリランカ・ネパールの山国から南米のペルーやコロンビア、そしてアフリカ大陸ではそこら中の国々で起きている。人種、宗教、土地争いや資源が騒動の因というから日本の比ではない。

話が逸れる私の悪い癖が出た。戻す。

復興委員会の林春男先生が言われるように、まずは「自助」だろう。次は「共助」、最後は「公助」だ。

先に挙げた世界の難民に比べたら、島びとも避難民の仲間かもしれない。でも、住居も食料も水も医者や薬の心配などもない。この先は自力で立ち直り、復興を果たす覚悟が必要だ。

ところが私自身が老いてみると、気力体力ともに失せ、独り身で子供もないせいか、「エイどう転んでも残り人生は両手の指で足りる」とやけっぱちになってしまう。

感謝が泣きごとになり情けない。

2　アンケート

……「娘が書いたぞ」

「おらげ《家》もだ」……

調査の主なものは、三宅村三回、NHK四回に、島民連絡会一回の三種類だ。いずれも結果は公表されているが、三宅村の「帰島に関する意向調査」などは未だだ。他の調査は忘れた。

❶　三宅村住民生活実態調査

一回目は、調査期間が十三年三月一日から同十五日まで郵送方式で避難半年を問われた。広井脩東大社会情報研究所長の指導で、木村拓郎先生の社会安全研究所が調査した。世帯単位で千二百八十二票を回収。回答率は六四・一％であった。

その結果は、十三年四月二十一日各島びと宅に文書で届いた。数字よりは文章の方が分かりやすいかと次にその概要を述べる。

・家族数は減少傾向にある。子供が秋川学校寮にいたり、親が遠い職場に泊り込むからだ。
・生計は年金だけの生活者と無職が増える。収入は自営業がゼロ。年寄り層中心に今後苦しくなると予想。家や車のローン返済は負担だ。自営業では返済できない。
・就労は難しい。高齢と一時避難のためだ。
・都営住宅に満足するが生活支援も欲しい。
・情報不足と医療が悩み。
・子供の教育には、秋川学校集団寮生活より家庭から近くの学校への通学を望む。

二回目調査は、十三年十月十八日から十一月二日にかけて行われた。避難一年を過ぎ、全島民の一時帰島が実施されての結果だ。

前回同様の方法で、千二百八十五票が集まり、回収率は八〇・九％に上った。

その結果は、十四年一月十五日文書回答で発表され各戸にも届いた。主な点は次のようだ。

・一時帰島で家屋内の被害が確認された。火山ガスやネズミによるものだ。

・就業者が増え、求職者も増えた。

・生計面では、なんとか暮らせる家庭と苦しい家庭に分極化し、経済格差が生まれてきた。

・借金返済延期や利子免除の希望が目立つ。

・家の無人化で被害が増え、その手入れのため一時帰島を望む声が多い。

・島の防災工事も強く望まれている。

この後、被災者災害フォーラムが十四年三月十六・十七の両日、お茶の水の損保会館で催された。初日出席の私は、回答できない年寄りの独り暮らしの実態を訴えた。声を出せないその避難の島びとたちが、最も厳しい暮らしを強いられていると。冒頭副題会話がそれを示す。

半月ほどして、広井脩・木村拓郎両先生がその現場を訪ね、実情を確認された。後日国会特別委員会席上、参考人発言をされたと聞き、三宅島避難の実態がやっと立法府に伝わったかと安堵した。しかし、考えてみると、結果が島びとの望む形で返ってくるのは、まだまだ先と予想されるのが現実である。

三回目は、「帰島に関する意向調査」で十六年五月十七日発送の郵送方式・同回答で全世帯主に対して実施された。期限は五月末だ。

NHKテレビは、五月末現在の回答率は、六五％であると報じ、「揺れる思い」と題して病気療養中でも帰る例と自営業で東京に開店し、資金面から戻らぬ例を挙げ、島びとの悩みを映像で伝えていた。

今回の調査は、帰島の意志を帰るか否かの二者択一で問うものであり、帰らぬ場合はその気持ちや事情を書く欄があり唯一救いだった。

私は回答不能と答えたが、島びとの多くにも迷いはあったと想像する。それは火山ガス対策がまだ手つかずであり、帰島後の生活具体策が明示されていない上、戻れぬ者への配慮もないからだ。

行政はこの結果で対応するのだろうが、島びとは安心安全の準備が揃ってでないと答えられないのだ。

ともあれ、村長にはこの結果を数字だけでなく、帰島への不安を十分検討し、その具体的対応策を練り、確かな準備の上で帰島判断をしてほしいと切に願っている。

未回答者には期限を延ばして回答を求めているというが、当然である。ある新聞報道では八二%まで回答が増えたと報じていたが、この重要案件では百%に近く回答を求めてほしい。

このような事情の背景には石原都知事の十六年六月二十六日の三宅島視察と、その発言が影響していると思われる。都知事の記者会見と都議会初日の所信表明では、インフラ整備は四百三十億円を投じてほぼ完了に近い。二カ所の危険地域立ち入りを禁ずれば、帰島生活も可能かと思われる。火山活動の行方や火山ガスの人体影響は専門家さえ先は分からぬ、と言っており、都知事が安全とは言えぬから、帰島は島びと自身が決めてくれと自己責任を強調していた点にある。迷い答えられぬはずだ。

❷　NHKアンケート調査

記憶では四回行われたと思うが、前の二回は私自身があわただしく過ごし、記録もなくテレビでその結果を見たかもしれないが憶えがない。

分からないが正直な答えだ。ＮＨＫに問い合わせる努力もせず恥しい。テレビの伝える速さ、広がりや影響力の大きさは抜群だが、映像も音声も放送終了と同時に消えてしまい、後に何も残らないから、メモとかビデオでも残さぬ限り困ってしまう。

三回目調査は、十四年七月十六日から同月二十二日にかけて行われた。前年秋の全島民初めての一時帰島の結果を問われたものだ。秋に参加できなかった一部の島びとも、翌年春に島に渡っているので、一応帰島希望者は全員わが家を確かめていることになる。

その結果、家屋被害が発表されたのは、十五年三月一日のテレビ放送だった。今回は、しっかりメモに残した。次の通りだ。

・鍵穴腐食　　六百六十一件
・屋根雨漏り　二百二十八件
・ネズミ・イタチ・シロアリ被害　七百一件
・屋内カビ　　七百十七件

この調査結果が示すように島びとのふるさとへの思いやわが家への強い関心が十四年四月からの日帰り一時帰島へとつながっていくのである。

さらに日帰りでは果たせぬ家屋手入れのために、十五年四月からは、島民用クリーンハウスを利用した三泊四日の滞在型帰島が日帰り帰島と並行して実現したのである。

アンケート調査の結果は、避難島びとの望みを着実に叶《かな》えつつあるといえる。

なお、私の初めての一時帰島は十四年三月十二日なので、三宅村の第二回目調査には島の家屋に関する部分で答えていない。

四回目調査は十五年七月十五日から八月十日にかけて行われた。内容は前年同様であり、避難丸三年の状況を問うたもので、結果は聞き逃したのか知らないままだ。

❸ 島民連絡会アンケート調査

十五年八月一日から十日の間に訪問留め置き回収の形で行われた。回収率約八二％。

その結果は次のようだ。

(イ) **島の家屋について**

およそ1／3の世帯で大きな被害があり、特に坪田地区三池では、甚大な被害である。

被害原因は、ネズミ、火山ガス、シロアリの順で、今後はさらに進むと予想される。

(ロ) **避難生活について**

世帯主の四三％が七十歳以上で、その世帯主の三八％が独居者である。

避難三年で一時帰島四回以上果たしたのは四三％。平均は三・五回である。

一年前と比べての生計は苦しくなったが七割に達し、今困っていることは「帰島がいつか分らぬ」ことが最も多かった。

この結果は行政や議会に伝え相談したく、また世論にも訴えたいと、前述の「帰島復興を考えるフォーラム」で発表された。

3 マスコミの支援
……「さすがテレビだ」「新聞もすげーぞ」……

噴火の第一報を島びとに伝えたのは、役場の防災有線放送かテレビか今もって分からない。

「雄山噴火の予告。阿古地区避難」の有線放送は私も確かに聞いている。テレビを見ていた隣り地域坪田の友人広井誠二さんからの電話は、「海岸寄りで西方へ向かうマグマ」と内容も詳しい。相前後して聞いている。

予知連の発表を真っ先に伝えたのは、混乱の中であり、歳月を経て散りじりに暮らす今、個人の力では調べようもない。

でも、最初の避難以後、地震・噴火・避難とその支援の様子を刻々と伝えてよく状況が分かったのは、島内ではテレビだ。避難所でも家庭でもテレビは一台なので、どの局かは定かでないが、噴火の夏は島中がテレビにかじりついて過ごした。その後を追っかけるように文字や写真で詳しく確かめられたのは、新聞によってである。そのころ新聞は航空便となり、半日遅れの配達になっていたが、届くのは乱れがちだった。

騒動の最中、現場に居ても分かるのは自分の周りだけで、小さな島でも全体像の把握は難しい。全貌を知るには、それらにラジオや電話情報を合わせないと無理だ。動けないので当然である。

三宅島噴火では、そのマスコミ情報が途切れることなく供給されていた。電気も電話も通じたし、毎日の船便や航空便で手紙や新聞配達も続いた。私が心強く判断でき、混乱を防げた要因と考える。幸運としか言いようがない。

❶ テレビ

最初の島内避難後は気ぜわしく落ちつかなかった。それでもテレビの定時ニュースは努めて見ていた。速く広範囲に伝え、視覚に訴える点で分かりやすく印象にも残るのが長所だ。現場に居合わせた人の目撃談や気持ちなども同時に伝えられてよい。短所は私のように忘れやすい人間の側にある。深く考える資料にも不向きだ。

あれから四年、今も定期的に継続されている番組を紹介する。島びとや三宅島に関心を持つ人には大きな頼りにされている。

・ＮＨＫ総合テレビ「三宅島情報」毎週金曜日夕方六時半過ぎだ。内容は火山活動の様子、島関連の催し、各地の島びとの今を伝えて好評だ。十五年夏から隔週おきになった。

・ＭＸテレビ「三宅島情報」毎日朝夕七時前と夜の三回放映する。火山情報と島びとへのお知らせだ。十五年八月から朝一回となる。歳月と共に三宅島が世間から遠くなり寂しい。

・その他のテレビ、不定期で「三宅島の人たち」を見た。十五年二月十四日の放映で坪田地域出身の西洋料理シェフの店と、同じく美容院を開いた娘さんの姿を紹介していた。また、別に教え子の親で韓国焼き肉店を開いた方の努力の様子も見た。

・各局それぞれに取り組む姿に感謝する。不定期番組だけに見逃しは残念だ。予定を早目に島民連絡会に教えてもらえると島びとに伝えることもできて、帰島できぬストレス解消に役立つと思う。

❷ 新聞

記録するには最適。私は主要紙の関連記事を丹念に切り抜き原稿資料源とする。毎日新聞の「三宅島観測情報」は、文字通り毎日で貴重だ。噴火の夏の二カ月分の各紙が島に残り、整理も持ち出しもできず悔しい。時おり火山学者の解説が分かりやすい記事になって載り、興味が湧く。

❸ ラジオ

カセットやCD曲を聴く都合で、ポータブルの手軽なラジオを入手したが、島でよく楽しんだ深夜放送とも縁遠い暮らしとなり、聴くこともなく放送関係者に済まなく思っている。

❹ その他

マスコミの節目ごとの特集や臨時の三宅島シリーズ報道は嬉しい。

例えば、全島避難一年経過時、二年後とか、秋川集団学校、ふれあい集会、予知連の火山説明会、島民対話集会、住民説明会、一時帰島、三宅島関連イベントなど思いつくままに挙げてみた。

雑誌のことを書かずに済まない。膨大な数の雑誌にはとても全部には目が通せない。時おり話題性のある記事が写真とともに知人から送られてくる。これも一例を挙げると、雄山山頂陥没後のカラー全貌写真だ。ヘリでの冒険撮影と思われるが、自然現象の偉大な業に見とれるばかりだった。パソコン画面など足下にも及ばぬ迫力があり、詳しく確認できて役立った。その写真専門誌にお礼を述べる。

❺ マスコミ陣の渡島

マスコミ陣が三宅島に渡ったのは、次の十一回だ。危険な火山ガス噴出が続くため、公開されることが少ない海を隔てた島なので、その報道は島びとにとっては貴重だった。

一回目　噴火の夏から十二年九月五日まで。全島避難を見送り、無人島となった日までだ。

二回目　十三年三月三日。全島避難から初めて島の一部が世間の目に映った。報道陣三十五人がマイクロバス二台に分乗し、パトカー先導で島一周したとある。泥流被害の爪跡がひどく、到る所に仮道が設けられた痛々しい光景が報じられていた。

この日、森首相一行がヘリで渡島視察し、島びとを喜ばせる発言をしたことは前にも取り上げた。

三回目　十三年九月十九日。避難丸一年、一時帰島開始に合わせる形で、島の麓集落の全貌が公開された。泥流に呑み込まれた家屋や壊れた道路の惨状が目に焼きつく報道だった。

四回目　十四年一月二十九日。海岸一周道路と雄山中腹の牧場入り口まで公開。復旧工事の進み具合と牧場の牛の骸骨《がいこつ》が強烈な印象で残った。高温多湿の島では三百kgの乳牛が毛皮も肉もわずかの期間に消え失せることを物語って恐ろしかった。わが家を心配する島びとの気持ちがよく分かる。

五回目　十四年六月二十五日。神着・伊豆・伊ヶ谷地域の日帰り一時帰島に随伴する形で公開された。最初の島内避難から丸二年のこの日は雨だった。屋根の傷み多い民家に比べ、インフラ復旧の順調なのが対照的だった。

六回目　十四年八月五日。児童・生徒の夏休みを利用した一時帰島に親・教師付き添いにマスコミ陣も同行する。この時は、坪田地域が対象となる。

七回目　十四年八月二十七日。全島避難から二年経過を目前に各社合計三十七人が渡島。牧場の中の深く削られた溝は、豪雨の浸蝕だ。防災工事の進み具合は心強いが、観光立島を目指す復興にダムを山肌に晒《さら》す姿は考えものだ。将来は樹木で隠すとか、深い溝で導くとか工夫できぬかと伝わる報道から考え込む。

八回目　十五年四月十九日、三泊四日の滞在型一時帰島開始に同行。テレビを除けば、新聞報道では平《たいら》しの記者の署名入り記事がその日夕刊一面トップに大きく載って光っていた。翌日も詳しく報じ、内容が坪田地域の顔知る三家族だったので、懐かしく夢中になって読んだ。

渡島制限の島では、マスコミ情報は貴重だ。役所の公式発表とは別視点のニュースはありがたい。これらを頼りに私は直接当人取材で進めている原稿なのだ。

九回目　十五年八月二十二日

全島避難から丸三年を機に三宅島の復旧の状況がマスコミ陣に公開された。島を一周する道路沿いに防砂ダムが造られ道路架橋の姿が島びとには心強く写る一方で、中腹の村営牧場の荒れ果てた様子、泥流でなぎ倒されたスギ林の無残な光景は、復興の容易でないことを島びとに教え、望郷の気持ちを複雑にさせた。その現場で働く作業員宿舎の内部が公開されたのも初めてであった。そこは神着地域の勤労福祉会館で、私が噴火避難で最初に過ごした建物だった。

十回目　十五年八月二十八日～二十九日

坪田地域八十八人の日帰り旅に同行する形でマスコミ陣も島に渡り、特に火山ガスの被害が大きい家屋の惨状を伝えていた。

復旧の進むインフラ整備に対して、個人資産の保護はなく、非情な光景を見せつけられる形で気分が沈んだ。先祖の墓参りも許されて、草だらけのご先祖様に手を合わせる島びとの姿は印象的だった。

報道関係者に公開された阿古薄木地区農家のパイプハウスや雄山中腹牧場の光景は、三年間の歳月の長さを物語っていた。

十一回目　十六年三月二十七日

二月十五日の選挙で当選した平野祐康新村長の初視察にマスコミ陣が同行した。島の総鎮守富賀《とが》神社にお酒を供えて頭を垂れる村長。作業員用宿舎に再開された六軒の民宿激励訪問。東京電力、ＮＴＴ、中央診療所を回って労《ねぎら》う姿は好ましかった。

報道関係者に注文したいのは、島の作業現場で働く人たちに火山ガスの人体影響や自然環境を侵している印象を直接取材し、避難の島びとに伝えてもらいたいことだ。

何度も書くが、島びとは年に数回の日帰りでしか島の現実を確認できないのだ。それも港と自宅の様子に、途中のバスからの眺めだけである。だから帰島後の生活情報をなんとしても欲しいと望んでいる。

第四章　動き出した行政と島びと

一　島民ふれあい集会

……「懐かしくて泣いたが」「んだ」……

公式には、「三宅島島民ふれあい集会」というが、誰もが「ふれあい集会」で通しており、その方が馴染んでいるので、以下これを用いる。

これは避難した島びと最大の楽しみ行事で、文字通り懐かしい顔と親しくふれあえる喜びがある。日ごろ離れてままならぬ思いが弾けて抱き合い涙する光景が随所に見られる。島に絡む行事はあちこちで催されるが、これほど大がかりなものは他にない。散りじりの島びとの1／3を集め、旧交を温める功績は大きい。

会は春秋二回行われる。避難四年で都合八回実施された。

主催は、同実行委員会と三宅村で、後援に東京都や港区が加わる。実際は支援センターと多数のボランティア、それに協賛企業・団体の支援なくしては成り立たないものだ。

会場は当初から一貫して港区の芝浦小学校が充てられてきた。都心の交通便や各避難地からの距離を考えてで、島びと上京の折に馴染んでいる竹芝桟橋や羽田空港途中で、場所に迷うこともないからである。

それにしてもよくこれほどまでに肩入れして下さるものかと会場提供校に深く感謝している。聞けば、昭和六十二年の伊豆大島三原山噴火の折も全島避難の大島町の方々を一カ月間体育館でお世話したというから、災害ボランティア校で根づいた風土があるのだろう。

話をふれあい集会に戻そう。

これまで催された八回の実施日は、次の通りだ。

第一回　十二年十二月三日　参加千五百人
第二回　十三年四月十五日　参加二千人
第三回　十三年九月三十日　参加千五百人
第四回　十四年四月二十一日　参加千六百人
第五回　十四年十一月四日　参加千三百五十人
第六回　十五年五月十八日　参加千三百人
第七回　十五年十一月二十四日　参加千三百人
第八回　十六年五月八日　参加千三百人

いずれも日曜日で、十時半から夕方三時半までを目安に行われた。午前中は校庭の催しが中心で、あいさつ、木遣《きや》り太鼓、シシ舞い、島唄などが郷愁をそそり、ボランティアによるテント群の飲食接待で島びと仲間が交流を楽しむ。午後は体育館で講演やシンポジウム、島の様子の映像紹介や役場との対話が行われた。

私は三回目から出席した。遠くの人や年寄りのために毎回各地域を貸切バスが結んだり、車いす利用者には専用車が用意される配慮があった。併設の幼稚園を生かして幼児を預かり、親には討論に参加してもらう気配りに感心した。第四回、第八回の小雨を除いては天候にも恵まれた。

第一回では、予知連井田先生の三宅島火山の現状と見通しや雲仙噴火九年間の取り組みが島原市の松下英爾氏によって語られ、参考になったという。

第二回では、都部長らの三宅島被害状況や復旧取り組みの説明と役場からの住民説明会の予定が示された。

第三回では、島びとと役場のパネルディスカッションで島の家屋保守が大きな話題になった。

第四回は、林春男先生が委員長を務められる復興計画案つくりで、その資金調達と観光立島が中心テーマとなった。都防災専門員の笹井洋一先生からは、三宅島火山活動の現状が映像を使って解説された。

第五回では、あいさつで長谷川村長が「火山ガスは最盛期の1／6に減った」と述べ、青山副知事も「帰島について論ずる時期」と語るなど、それぞれ夢を持たせてくれたが、午後の火山ガス検討会では、帰島の判断基準が十五年三月に出ること、また帰島まで健康で過ごしてとの都参事発言で期待が確実に先へと延びたのを知りがっかりした。

第六回では、島びとが最も頼りにしていた青山佾《やすし》副知事が十五年五月十一日で退任され、そのあいさつが実に寂しかった。これまで七十回以上も島に渡られ、現地対策本部を直接指揮された方だ。在任中に島びとを帰島させられなくて残念と語られ、今後も島に関わっていくと話されたのが印象に残った。この方、前回五十八年噴火でもご縁があったのだ。私は青山副知事へのお礼の寄せ書きに心情を綴ってきた。

午後からは体育館で火山ガス検討会の結果報告が内山厳雄・大前和幸両先生から、四月六日の説明会よりずっと分かりやすくＯＨＰを用いて解説された。その内容は火山ガスの項に詳しく述べてある。お二人とも今は京大、慶応大の教授だが以前は公衆衛生院の医師で、話す内容には重みがある。帰島の決意をリスクコミュニケーションの形で島びとに投げ返された点では、予知連の井田先生と同様である。

噴火から四年、八回のふれあい集会を通しての私の感想だと、島びとが離ればなれの親しい仲間と会える喜びや郷土色アシタバ料理・くさやの香りに元気を回復し、夢をつなぐ効用は認めるが、これだけの島びとが集まったら、もっとやるべきことが別にあると思う。

それは、帰島のめどが立たぬ避難長期化のなか、増えつつある生活困窮者や孤立した年寄り弱者を支える相談や島の家屋の手入れ具体策、帰島してからの暮らしの基盤をいかに早く築き、火山ガスから身を守るかなど問題は山積している。それらを各自治会で話し合い、それをこの集会で発表し、行政や議会と討論して方向性をまとめてほしいと思うからだ。避難がさらに長期化した場合の人生の選択肢や対応も必要と思う。ほかに火山ガスの影響や台風の泥流心配もあろうし、少子高齢化、若者流出による労働力確保や過疎化の教育のことも切実だ。国や都の財政が厳しさを増すなか、補助金依存では無理だ。デフレ不況下での観光立島も火山ガスとの絡みで心配のタネは尽きない。それらの対応策を練り上げて、この集会で島びとが知恵をまとめてほしい。国中が構造改革・デフレ克服で苦闘しているのだ。島びとにも意識改革が求められていると思う。

一回の集会に平均四百六十万円ほどの支出だと支援センターの報告書にある。寄付で催される集会なのだから、集めるにも出すにもそのご苦労に頭が下がる。それだけに島びとの避難長期化への覚悟や帰島して火山ガスとの暮らしへの決意が一層強く求められるのだ。

私は避難長期化で、次のことを訴えたい。今の仮暮らしをいつまでも続けていけるのか。若者や働き盛りの人、子供の教育が中心の人は、人生の岐路に立ち、悩んでいるに違いない。定職に就かず、アルバイトで帰島を待つのか、転機と受け止め新しい人生を歩むのか、避難が長引くほどに帰島を断念するケースは増えると予想される。それは仕事・収入・教育だけではない。病気・高齢・島での再建を諦める自営業の人など様々であろう。

私が言いたいのは、帰島し復興に加われない島びとの人生設計に幅広い選択肢を用意してほしいということだ。避難解除で帰島できない立場の島びとを切り捨てない温かな遇し方を行政にも島びと仲間にも切に求めたい。

さらに先を予想すれば、十六年二月には村議会議員選挙、同七月には村長の任期も終わる。それは行政や選挙管理委員会が担う仕事と片付けるにはあまりにも重大だ。島の将来を決める大事な選挙で棄権続出にでもなったら、島の先行きに暗雲が立つ。このような集会で先々の早期対応が話し合われてもよいのではないだろうか。今の公職選挙法ではたぶん対応が難しい島びとの分散居住である。

ところがこの心配はとりこし苦労に終わって安堵した。

長谷川村長が任期満了前に辞意を表明し、村議選に合わせて村長選も同時に行われることになったのだ。それにしても広く分散している避難の有権者に立候補者はどのように短時日で思いを伝えるのか。それは、次のように解決した。

島びとの島への思いや東京青年会議所の有志メンバーらの温かい支援で公開討論会が催され、約八〇％の投票率で新村長と十人の新村議が無事誕生した。島びとの気持ちと世間の支えは大きかった。これで、帰島

第７回ふれあい集会（2003年11月24日）：三宅村提供

復興に夢が見えてきた。この辺りは追加の文だ。

第七回は、くもり空のもとでの開催であったが、冷えた体を温めてくれたのは親しい顔ぶれによるふれあいであった。郷土芸能やなつかしい味に触れ、午後はアカコッコ合唱団のコーラスを聴いたり、気象庁の山本火山課長や予知連の藤井先生から、島の火山活動の最近の様子をスライドで説明を受けた。また、都や村の取り組みを聞いて、先は長いなと溜息が出る雰囲気だった。

第八回は、小雨パラパラと降る中、テントや体育館、校舎に入り飲み食い大会に変じて支援ボランティアのご厚意に申し訳なかった。

予期せぬ避難長期化に疲れた島びとを励まそうと、平野新村長は早期帰島を叫び、その準備に取り組む姿勢を示して逆に励まされる形となった。

火山ガスとの共生安全策、帰島後の生活具体策、戻れぬ島びとへの配慮など、先々は厳しいものになりそうだ。リスクコミュニケーションをよほどに徹底し、自己責任の覚悟を確めねばならぬだろう。

二　一時帰島

……「行って来たかよ。どうだった」
「おーよ。おらげ《家》はよかったが」……

帰島のめどが立たぬ避難暮らしのなか、島びとの最大関心事は、島のわが家とその環境だ。あわただしく身ひとつで島を離れた人が多く、長期の留守など誰も予想しておらず、無理もない。高温多湿と台風の多い島では、閉じきったわが家の様子は誰もが心配することだ。その家次第で帰島後の暮らしが大きく変わる。

避難から一年も経つと、島びとの話題はそこに集中した。島に渡れず、誰一人わが家《や》を見ていないのだから、なおさらだ。

島びとの会話を想像すると、次のようだ。

「一年も放っときゃ、カビで家腐っちゃうぞ」
「風通しに帰りてえな」
「長引くなら、畳上げときゃならんぞ」

「おらげの父《とう》ちゃん、屋根の雨漏り心配しとるが」

「早う帰って屋根一番に確かめてーな」

「母《かあ》ちゃんが冷蔵庫の中腐っとるとヒス起こしとるが、どうもならん」

「先祖の位牌持って来いとババのうるさいこと」

「それより子供の品物持ち出してーな」

「台風が心配《しんぺえ》ずら」

「おーよ、行ってみんことには分からんぞ」

「それよか、ガスが家腐らしとるいうぞ」

「まさか、ガスってそげな怖《こわ》いもんか」

「おら、ネズミの荒らしの方が心配だ」

「おめえ家《げ》のネコ、ネズミ喰って家守っとるずら」

「畑、荒れてるな」

「毎日見回っても生える草だ。今時《どき》カヤとハンノキ畑だわ」

「帰《けえ》っても暮らしていけるか心配だ」

「おーよ、どうするずら。運が悪《わり》いな」

「せめてひと目でいい、島に帰って確かめてーな」

「おーよ、役場に頼むべー」

一時帰島の先陣は、特殊な形で実現した。それは、噴火のあと泥流などで家屋被害が大きいことが役場調査で確認されてから、それら被害者の強い要望によってのことである。全壊約三十戸、半壊も四十戸ほどで、その世帯代表七十四名が十三年七月十三日に上陸し、わが目で確かめて先々の判断資料にということだった。防災関係者や警官が付き添い、わが家の惨状を確かめ、家族に伝える写真撮りがやっとのあわただしさだったという。慰めようもない不運な立場の人たちであり、悲嘆に暮れた日帰り旅だった。噴火からほぼ一年を経た時期のことである。

さらに二つ三つの特殊例を挙げてから、一般の島びとの一時帰島について述べる。

小中高校生の親・教職員同伴による夏休みプレゼントの日帰り旅は、十四年八月上旬三回に分けて実施された。将来の島を背負う立場を配慮しての実施と思われる。秋川集団学校から離れ、親元から通う子供らが久しぶりにふるさとの教室で果たした再会の喜びだった。

同様の形の子供らの「ふるさとふれあい体験」は、十五年八月四日に坪田・阿古地区が、同五日には三宅地区で二班に分けて実施された。懐かしい島の学校やわが家に保護者同伴で行けたのは、生涯記憶に残る夏休み旅行であったろう。

さらに加えるなら、十六年二月二十八日に実施された三宅高校三年生二十三人の卒業記念母校訪問帰島である。この学年からは、秋川学校で育ち、島の本来過ごすはずであった校舎とは無縁であった。卒業を前にした恩情の計らいと思われる。彼らが将来を託せる若者に育ち、島の復興に人肌脱いでもらうことを願っている。

島びとの一時帰島について次に詳しく書く。それを私の一時帰島十二回の

子供たちの一時帰島（2003年８月５日）：三宅村教育委員会提供

報告で代表させる。多かれ少なかれ、それほど島びとの場合と極端に異なってはいないと思うからだ。私の例で全体の島びと一時帰島の姿を類推していただきたい。

島びとの願いが一時帰島の形で叶えられたのは、避難一年後の十三年九月から十月にかけてであった。島に住民登録をする者に限られ、一世帯一人の日帰りで船賃無料の役場事業だ。島を三地区六回に分けて行われた。

その結果は、地域により明暗がくっきりと分かれた。比較的緑が濃く無事と伝えられた地区は、南部の坪田《つぼた》や南西部の阿古《あこ》、北部の神着《かみつき》・伊豆で、火山ガスに侵された東部の三池や南西部の粟辺《あべ》・薄木《うすき》、泥流禍の北東部島下《しました》や伊ヶ谷《いがや》辺りでは、嘆きの声さえ出なかったという。もっと細かい場所区分によっても運不運は、はっきりと区分けされた。

また、同じ地域にあっても雨漏りで畳が腐ったり、ネズミで家中が荒れ果てたり、シロアリに侵されて嘆息する家もあれば、全くきれいな無傷の家もあって被害の個人差が大きいことも分かってきた。

チャーター船の都合と火山ガスの危険性から、滞在は六時間ほどで、持ち出し手荷物も一人二個、そのうえ自宅以外は全く立ち寄りを許さぬ厳しい条件付きだった。

わが家と島の環境の一部を確かめる希望は叶えられたが、それ以上のことは時間のゆとりがなく、何もできなかったと不満の声が一層噴き出す結果となったのも皮肉な話だ。

不満の主なものは、男衆が帰島した家では屋根を確かめ応急手当てをしたものの、奥さん依頼の持ち出しメモは時間に迫られて用を足さず、逆の場合は冷蔵庫の中が片づき希望品は持ち出せたが肝心の屋根の無事が分からず夫婦げんかになったという。要は滞在時間があまりにも短いことと、一所帯一人が原因であった。

私は喘息《ぜんそく》病歴から万一を用心して参加せず、翌年参加洩れの所帯対象の一時帰島で、避難一年半後に初めての里帰りをした。それは、十四年三月十二日のことである。

ここまでの一時帰島を第一期とするなら、十四年春から同年末までに実施された分は、第二期といえる。日帰り帰島に変わりはないが、希望制で一所帯三人まで参加でき、船賃有料となった。地域別に八回実施されたが、最後は島びとの声に押されて船賃は無料になった。そして、十五年正月からは、定期船八丈便の週三回三宅島寄港の運行許可が出て、日帰り帰島も同年三月まで追加実施に変更された。

第三期は、十五年四月からの三泊四日の滞在型一時帰島と従来通りの日帰り帰島である。並行して実施され、船賃無料で、前者は宿泊に伴う食費などは実費で、一所帯一人、九月までに一回のみ、後者は原則毎月一回希望可能で一所帯二人まではこれまで通りだ。

これで島の家屋の手入れは格段に進むが、人手がなく、費用の都合がつかぬと置いてけぼりの人もあって気の毒だ。どこか行政措置に無理がある。

第四期は、十六年四月から帰島方式変更による島帰りだ。

全島を地区別に阿古、坪田、神着、伊豆・伊ヶ谷の四つに分け、さらに日帰りコース（定員八十人）と滞在コース（定員二百人）に分かれる。後者は同時出発だが一泊、三泊、五泊を選べる。日帰り、滞在型とも毎月地区別に一回実施される。

留守家の傷みが急にすすみ始めたための措置である。家の周りの庭や畑、林が荒れ果てススキや雑木が茂い繁って藪と化し、

一時帰島（ガスマスクでの上陸）：三宅村提供

風通しや日当たりが悪く、家の維持が帰島条件の必須となってきたことによる措置である。住民登録の島びとは、船賃のみ免除だ。日帰りは二人、滞在は四人までの制限が付く。これによっても、体力と費用の点で参加できぬ場合は辛い。個人資産の保護にはどこからも支援はない。

次に島びとの一時帰島を代表して、私の十二回分を書く。これで全体を類推してほしい。

私の初めての一時帰島

私の一回目一時帰島は、十四年三月十二日だ。避難離島から一年半後のわが家である。この時は最悪の気象条件が重なり、出帆繰り上げで滞在はわずか三時間だった。有毒な火山ガスの二酸化硫黄濃度は６ppmで、環境基準の百五十倍を記録するなか、ガスの流れる風下の三池港に船が着いた。船中からバスの中までずっと防毒マスクを付け、緊張しながら無残に荒廃した三池地域の惨状を声もなく眺めていた。青白いガスは、船着き場の海面一帯を無気味に漂っていた。初めてのマスク呼吸は快適なものではなかった。以前喘息発症のある私は、避難上京後、咳が出るようになり、流行の風邪かと軽く受け止め、気にしながらもこの一時帰島に咳の出るまま参加していたのだ。後日、呼吸器専門医から「咳喘息」の診断を受け、知らぬが仏の事なきに胸なで下ろしたものである。でも、この先悩みが増える分には考え込んでしまう。話を戻す。

わが家は島の反対側で、この日風上に当たり、庭でマスクをつけずに済んだ。玄関引き戸を開くのに役場職員の助けを借りて三人がかりで三十分を要した。グリススプレーを噴き込み、戸をゆすっての作業である。アルミ製引き戸やガラスは無事でも、錠の内部の鉄部分が錆びついて動かないのだ。火山ガスの強い硫黄酸のいたずらに改めて驚いた。

やっと入った屋内は、雨戸が閉まって真っ暗。むろん電気は止まったままだ。仕方なく先々の台風被害覚悟で雨戸を片付け、覆いのない小窓に打ち付けた噴石除けの分厚いベニヤ板を外し

初めての一時帰宅（脱出当日の日めくりカレンダー）

て回った。その作業に二時間を費やし、屋内の風通しもできず、最も気懸りだった屋根にも登れぬまま終わった。三時間の滞在とは、それほどに短いものである。

でも、救いは家の中だった。地震で崩れ落ちた書棚の本が散らかったままの程度で、さした乱れは他になく安堵した。脱出した折の日めくりカレンダーが、八月二十九日のままになっていたのが一番の印象である。屋根も、庭から眺めた限りでは変色しているものの、なんとか当面は耐えられそうに思えた。話題になっていた冷蔵庫は開く間もなかった。畳上げもできず心残りのまま空しく家を去った。

繰り上げ出帆は、海上大荒れを心配した船会社の判断だ。三時間滞在のためには往復十三時間の船旅を必要とした。避難先自宅からだと丸一日、二日がかりのふるさと帰りで、先々を考えると溜息が出る。

家の周りの自然環境は、火山ガス中に含まれる二酸化硫黄やそれが雨に溶けた酸性雨でかなり傷んでいた。庭の植物のうち園芸種の被害は大きかった。温室棚に並んだカトレア鉢のコレクションはすべてミイラ化しており、涙が止まらず目を逸らして諦めた。救ってくれたのは、風よけに植えた屋敷囲いのヤブツバキの並木だった。火山の歴史とともに生き永らえてきただけにたくましく、三月のこの時期にも残り花が咲き、花蜜にメジロが群れていた。連れだってシジュウカラも鳴きたわむれ、その様子に気持ちが和んだ。噴火前の穏やかな姿が一部には残っていたのだ。

それでも、半年前の秋、多くの島びとが一時帰島した折に伝え聞いていた様子からは、火山ガスの被害は一段と進んでいると実感できて気分は重かった。

今回は、咳喘息を知らずにマスク装着で無事済んだが、出発前の説明ではマスクにはめ込まれた亜硫酸ガス吸収缶の処理能力は三時間とあった。一時帰島では、予備にもう一個持てば済むが、火山ガスと共生する帰島生活では、どうなるであろうか。何日も風下になるナライ風が続いたら、食事や飲み物はマスク着用ではとれない。夜寝ている時、気付かねばどうなる。十五年春の時点で島びと用のクリーンハウスは、直線で六㎞離れた伊豆地区に三百人収容があるだけだ。愛車は避難時、既に動かなくなっていた。帰島するなら、わが家の一室をクリーンハウス化して、気密性の高い車を求めねばならない。五年有効の優良運転免許証も、老齢ゆえに使用をためらっているほどだ。そこまで考えると帰島にも二の足を踏む。命優先だろう。ここでも、火山ガス噴出が止まるのと寿命が尽きる競争になって悩ましい。

私の二回目の一時帰島

この時は、三回も夏の台風にぶつかり延期の末、四回目にやっと実現した特異な点を記しておきたい。最初の予定は十四年七月十五日であったが台風6号にぶつかり中止。次の七月二十五日は9号と重なり、その次の八月二十七日もまた15号に鉢合わせの運の悪さに溜息が出た。

結局九月十七日やっと念願が叶った。島ではよくあることで驚かないが、たぶん台風中止の四回目渡島は、一時帰島の記録ものだろう。離島の交通事情には、都会の混雑とは一味違った悩みがあるのだ。このような事情をヘリで視察する中央の政治家や役人は知っておるのであろうか。私には伝える手段がなく、悔しい。青山佾《やすし》都副知事は、前回昭和五十八年噴火から関わる現地に最も詳しい今回災害の都側責任者であるのが救いだ。

この時の家の様子を伝えておこう。

天井裏に敷いたネズミ捕獲用粘着シート十数枚に合計三十一尾のクマネズミがかかり、完全ミイラ化し、一部には強い死臭も漂っていた。勿論処分し、新たに持参した十枚を補充に敷いてきた。島の夏は九月も続き、熱のこもった真っ暗な天井裏の懐中電灯頼りの作業は、汗びっしょりで実に嫌なものだった。昔の非人身分の仕事を味わったような気分だ。

避難から丸二年経っており、三回の夏でウジも湧いていたであろう。一枚のシートには親に寄り添う姿で三尾の子も横たわり、動物の愛情にも心動くものを感じたが、今は自分とわが家を守る立場、感傷にふける暇はない。幸いネズミは、新築以来、天井裏だけに棲み、部屋に降りた形跡はなく安堵した。ネズミ退治には毒餌も効くが、食べ尽くすと留守では補充ができない。また、捕り籠も一度入って扉が閉じると、あとが続かない。有効性では粘着シートに軍配が上がる。

収穫は他にもあった。正体不明のアサガオ標本素材を持ち帰り、大学の系統分類学者に同定してもらい、「マルバアサガオ」と確認できた。

畳上げも寝室と書斎の八枚ずつを立て掛けることができた。この作業で湿気を吸った畳の重さと体力の劣えに人生の老いを思い知らされた。そして、残り部屋の畳は次回に譲った。

探していた家・屋敷の登記書も見つかった。

原稿資料にと持ち帰った『大間知篤三《おおまちとくぞう》著作集』第5巻は、たった一冊でも重かった。

車庫の引き戸三枚は、鉄製吊具が腐蝕で動かず、車の状況も分からぬまま、戸の前に灰袋を積んで台風に備える封じ込めを図った。

もっとも気懸りだった屋根にも初めて登った。素人なりにこれならまだ大丈夫と安心する。因みに屋根材は、潮風に強いとされるガリバリゥムトタンだ。亜鉛とアルミの混合メッキで、いつまでも光沢を失わないところから、島では「ピカピカトタン」の愛称で呼ばれている。平成二年に十三年目の張り替えをしたものだと北陸加賀の親戚に伝えると、あちらでは屋根の張り替えは一生に一度だよ、とたまげていた。

私の三回目一時帰島

十四年十月二十一日。日付けは、いずれも滞在日である。今回までの一時帰島は、船賃も含めてすべて自己負担だ。それはまだよい。希望者多ければ抽選という。わが家に帰るのに期日を指定され、抽選とはあまり耳にせぬ話だ。強制避難の上、火山ガスの危険があるとはいえ、あまりにも不条理だと不服を唱えている。

この日、庭の果樹への火山ガスへの影響を調べた。ビワ二品種、桜桃つまりサクランボ、ウメ三品種、イチジク、十数種類の柑橘類（ミカンの仲間）の枯死を確認した。いずれも樹齢は二十年以上だ。驚いたのは、実ザクロが根元から倒れていたことだ。幹の芯までもろく劣化していた。二酸化硫黄の仕業だ。試しに干し柿にする蜂屋柿の幹をけ飛ばしてみた。音もなく根元から折れた。直径一五㎝の太い幹だ。声も出ずうなった。

前回のネズミ死骸整理から一カ月、粘着シートの効きめはいかにと懐中電灯片手に天井裏を調べた。死臭がひどく、五尾にはウジも湧いていた。ミイラ処分と違い、身震いするほど気味悪い作業だった。

母屋周りのカヤの幼苗を抜いて回った。留守の二年間に育った大株のカヤは根が張り、人力では抜けなかった。畑の大株のカヤを一株鍬で掘り上げるのに二十分を要することが分かった。カヤが生い茂ると風通しが悪くなり、家屋の腐りを早め、シロアリを招く。避難前には一株もなかった庭と畑だ。次回は人手を頼もう。本土でお月見に枯れ尾花を愛《め》でる風情などとても味わうゆとりはない。お化けススキを島では「カヤ」と呼ぶ。

海上うねりで出航が一時間早まり、顔馴染みの駐在西島孝さんが乗り遅れを心配して迎えに来てくれた。帰路の船中、島びとが有線放送にあわてて窓を閉め忘れたとか、鍵掛けずに飛んだと騒いでいた。「飛ぶ」とは「走る」の島ことばである。電話で駐在さんに頼めば、適当に措置してくれる。これも島ならではのことだ。

今回困ったことを発見した。庭の片隅に積んでおいた日曜大工材料の木材端《は》切れにシロアリが発生していたのだ。野鳥の巣箱つくりどころではない。雨よけの古トタンが台風で飛び、野ざらしが原因だ。燃やすのが手っ取り早い処分だが、今は消防不在で火を使わせない。焼き畑農業を続けている島でなんということかと腹が立った。車庫前の広い敷地に運び出し、後の処分を役場に頼む。このシロアリが家屋に侵入しておらぬことを祈って島を離れた。

私の四回目の一時帰島

十四年十一月二十八日。今回から船賃無料。私の家がある阿古錆ヶ浜港に着き、出発も同港でよかった。

初めて一等船室に乗る。長い島暮らしで私は飛行機常用組だ。料金は一等船賃より安い。今回は、昔屋根職をやっていた山本恭平さんにお伴願った。屋根の様子を調べてもらう目的があったからだ。結果は大丈夫。安心だ。コールタールを塗ればよいとのことである。これなら自分でなんとかやれそうだ。高い屋根仕事は怖いけど、この際は仕方ない。少しずつ分けて自力でやるよ、と覚悟を彼に伝えておいた。

屋根点検の後、庭のカヤ抜きを手伝ってもらった。私は屋内の片付けをした。彼に、庭のくだものの木をけ飛ばすと根元から折れる話をしたが、あまりに大げさで信じられないと言う。富有柿と新潟に多い渋柿の代表である身知らず柿の二本で試してもらった。一回のけりで実現し、「あれっー」と叫んだ後は口もきかない。ショックだったのだろう。帰途の船中で聞くと坪田の彼の庭では、そんなことはなさそうだと言うが自信がない様子だ。手伝ってもらった人にこれ以上触れないに限ると話題を変えた。

庭のニオイバンマツリの木に鳥の巣を見つけて、鳥の巣図鑑を調べていたが分からなかった。それがなんとミヤケアカネズミのものと判明した。後日アカコッコ館レンジャー山本裕さんに問い合わせてのことだ。餅は餅屋だ。樹上に巣をつくる珍しい習性のミヤケアカネズミは固有種で姿は見たことがない。家には入らぬという。その巣がある木の方も花の色が青から白に移り変わる珍しい生態だ。

私の五回目の一時帰島

十五年三月十五日。小雨降る気温一〇℃の寒さに震えるなか、庭仕事もできず、気になっていた冷蔵庫の中を片付けた。二年半の放置で収納中身は腐り溶けて形容しがたい異臭を放っていた。触るのも気味が悪いそれらを片付け、洗剤で何度洗った後も異臭は残った。通電できず使用の可否は不明のままだ。

湿度六五％のこの日は、室内の風通しもできなかった。

その雨のなか、庭で特異現象を見つけて驚いた。庭のあちこちに水溜りができているのだ。台風の豪雨でも瞬時に吸い込んで貯まらぬ庭だった。バケツの水を流して試したことがあるが、見ている間に滲み込んでしまった。それほど浸透性のよい火山礫土《れきど》の土壌で、水排けは抜群だった。玄武岩質の土質で粒子が粗いといってもよい。そこに小雨で池ができたのだ。原因を考えた。阿古地区に噴火降灰が落ち始めたのは、十二年八月十三日からだ。お化け灰と呼ばれた細かい粘土質状の降灰堆積が考えられる。この微粒子が地表や浅い地層に粘土膜をつくっているものと推測できる。

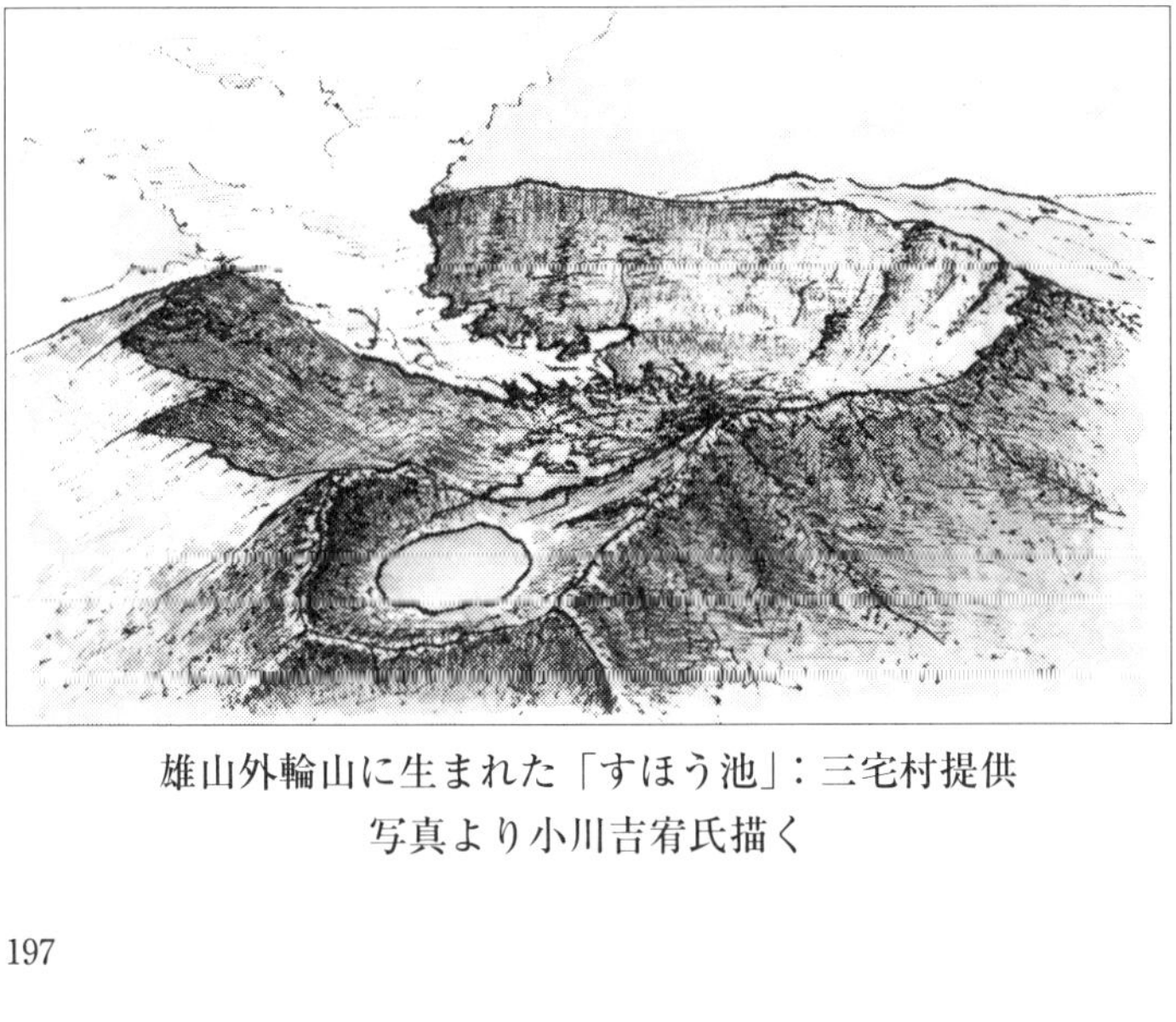

雄山外輪山に生まれた「すほう池」：三宅村提供写真より小川吉宥氏描く

避難後テレビが放映する雄山外輪山の北側尾根に奇妙な池が出現した謎がこの庭池から解けた。そこは、以前土地の人が「すほう穴」と呼ぶ窪地だった。庭池と同じく微細粒子の粘土層が窪地に不透性の膜を張り、雨水を貯めて池を出現させたと推測できる。火山学者は、今回の噴火は二千年前に起きたと同じ現象と推定している。島の南部にある太路池《たいろ》は約二千年前にできたと解説されているから、なんとなく庭池、外輪山頂池と結びついてくる。

一時帰島の雨降り遭遇は、三宅島大噴火による環境一変の側面を実感させてくれて収穫だった。

しかし、このことが帰島後の島びとの暮らしにどのように影響するかは未知数だ。早く研究者を島に入れ、調査・対応を始めてほしいと関係者にお願いしている。

特に農業への影響は大きい。水排けに限らず酸性雨は土壌の酸性度pH《ペーハー》を3〜4程度にしていると都農業試験場の報告にある。酸性度を動かすマイナスの反面、マグマからの豊かなミネラル補給も考えられる。焼き畑農法で回復させるのも一案だ。現在の都農業試験場の定点試験観測を常時在駐方式に切り替えて帰島時の資料提供を求めたい。また、各地域毎に試験地を増やすべきだ。

庭池発見が農業再生の話にまで及んでしまった。

五回目一時帰島の庭で観察した火山ガスに強い植物名を挙げておく。

野生種のうち樹木では、ヤブツバキ、トベラ、ヒロハマサキ、ハンノキ、セチノキ、ハチジョウグワ、ヒサカキなどであり、草や灌木では、ススキ、ハチジョウイタドリ、ツワブキ、カジイチゴ、アシタバなどだ。園芸種がほとんど全滅しているなか、バショウ科は健在で台湾バナナで通る仙人蕉は花も実も付けていた。ストレリチアも元気だ。モンステラ、タコノキ、フェニックスなど熱帯産が元気なのは意外だった。ヒガンバナ科やユリ科の球根植物もたくましい生き残り組だ。島水仙と呼ばれる房咲き日本水仙を持ち帰り、分類の先生に調べてもらったが私の疑問は解けず、生態系の先生の解明に期待することにした。

この後、六回目の一時帰島は、十五年五月八日が台風3号で、次の六月四日も台風5号で中止となり、夏以降に持ち越された。春の台風が伊豆諸島に近づくのは珍しいことだ。

一連の一時帰島での収穫は、家屋の手入れと屋敷周辺の自然環境が観察できたことだ。その結果は、家屋は手入れを続ければ当面維持できるが、老いとともに島通いが辛くなり、火山ガスの先行き不明で健康面から帰島をためらい、畑つくりの楽しみも難しいことが予想された。帰島は開墾・開拓を意味し、火山ガスとの共存に不安を伴うことだ。今様流人の暮らし復活になるかは疑わしく、老いの夢はしぼんでいった。

終《つい》の住処《すみか》に選んだ三宅島がふるさとになるのか不安が過《よぎ》り始めたのも、この一時帰島からである。それは毎夜いくつもの夢を見て、途切れると目覚め熟睡できなくなったことでも感じられた。それでも島びと同様に体が動くうちは島通いを続けるのかと、期待しながら迷い続けている。

老いや病気、費用の工面で行けぬ島びとはどうなるだろう。親戚で助け合うのか、島のもやいの仕組みを生かすのか、ボランティアや行政に頼るのか、別の方策や生き方を探るのか、島びとからも行政からも一向に動きが出てこないのが歯がゆい。このままでは世間から忘れ去られ、個人の解決に委ねられると前にも書いたが、三宅島の噴火災害がそんな形で立ち消えてよいものだろうか。

中腹以上の自然回復には百年を要すると「海のシンポジウム」（十四年十月十九日、東京・新宿大久保ペアーレ）でモイヤー博士は講演された。一代で復興できないなら、地球の自然に合わせて二代三代と子孫に引き継いでほしい。国立公園をふるさとに持つ島びとの務めであると思う。

十五年正月から三月までの冬場の一時帰島は、予定十六回中、島に無事渡れたのは五回のみだ。冬の季節風やうねりの厳しさは想像以上だった。島をふるさとに持つ島びとは、その厳しい自然とともに暮らしてきた長い歴史がある。火山ガスが一つ加わったことで負けてほしくはない。

十五年四月からは、三泊四日の滞在型帰島が加わった。その初陣は四月十九日からの坪田地域だった。二百五十人募集に六十八人四十七所帯の参加だったという。五月九日の伊豆・伊ヶ谷地域で百五人、同月十六日からの神着地域で百二人、同じく二十二日からの阿古地域で百五十九人だった。あれほど島びとが熱望した滞在型のこの不人気の理由は何だろう。早急に調べて改善が望まれる。島の家屋を失えば復興どころの話ではなくなる。島びとの踏ん張りどころだ。夢をつないで頑張ろう。

伊豆諸島の最南端青ヶ島《あおがしま》は、天明五年（一七八五年）四月大噴火し、当時三百二十七人の島びとのうち、百三十〜百四十人が死亡と推定され、残りは北の八丈島に逃れた。往還を果たしたのは五十余年後である。この執念と根気よい再興の歴史を三宅島も学ぶ時期に来ていると思う。

私の一時帰島六回目

十五年七月四日、日帰りで一人参加だ。五月六月は台風で、次の六月二十日からの滞在型帰島も海荒れになり、二度中止。三回目の申し込みで何とか実現した。

昨秋以来やっと家の風通しができた。初めて臨時電線を引いて冷蔵庫を動かし、冷蔵冷凍機能を確認できた。

私の一時帰島七回目

十五年十月二十一日、一人旅の日帰りだ。目的は家の風通しと屋根のコールタール試し塗りだ。屋根登りは恐かったが素人仕事に成功した。塗ったのは屋根全体の二割弱だが満足した。材料は島の職工組合に頼んで用意してもらっておいた。

テラスに置いた農具一式十数点が消えており駐在さんに届ける一幕もあった。

私の一時帰島八回目

十五年十一月十日、やはり一人参加の日帰りで、雨降りにぶつかり風通しはできず不満だった。目的は屋根塗りの職人迎え入れ準備であった。

農具ドロボーの調べに警察が来て記録した。往復とも船は揺れ、良いことなしだった。

私の初めての滞在帰島で九回目

島で一泊。十五年十一月十四日から十六日。一泊は船中で毎度のことだ。今回は屋根職山本恭平さんに同行願った。目的の屋根塗りを果たし、ひと安心。車庫の屋根塗りも終える。頼み仕事のお礼、宿泊代、材料費も含めて約三万円で納まる。これまた安上がりで嬉しい。けがもなくて済んだが屋根上仕事は二人でも恐い。

建物保険で被害認定審査も受けた。温室地植えの熱帯果樹パパイアは、三年以上水なしで放置したが花も実もつけており、逞しさに魂消《たまげ》る。同様のマンゴーやチリモーアなどジャングル化した温室内を思い切って整理する。

伊豆地区の安全宿泊施設を初めて利用する。簡素だが快適であった。月に一度帰島も初。

私の十回目の一時帰島

十六年二月十三日から十九日。一泊滞在の予定が嵐でなんと五泊に延び、帰りはさらに南一〇〇㎞の八丈島まで往復して丸々一週間の滞在記録をつくった。島に止めおかれた原因は、二月十四日に吹いた春一番とその後の海荒れだった。島暮らしの経験から誰もが用心することだったので、今回参加者は、わずか十七人であった。三百人収容できるクリーンハウスは、当然にガラガラだ。

思わぬ長逗留で家の中や庭が片づき、周囲の観察もできた。その主な点を列挙する。

・庭の降灰とその後の流入粘土層は二層に重なり、乾いた厚さで三㎝。それがコンクリート化して水排けを失い、環境激変。
・野鳥はウグイス、ホオジロ、メジロ、コゲラ、ヒヨドリを確認。
・天水槽の水は藻も生えず、透きとおって酸性化しているものと推定された。
・家の前のホトリの森は、常緑樹スダジイやタブの葉が回復せず、枯れ枝ばかりの明るい森になり、下草のアオノクマタケラン（島方言ハゴロモ）が大群落となっていた。
その他では、思いつくまま書くと、
・家中の戸車に丹念に油差しができた。
・出窓の霧よけなど塗り残しにコールタール塗りができた。
・玄関雨よけひさしの支柱腐食を発見、同行の宮下宣徂《のりゆき》さんの助けで応急修理をする。
・わが家へ一週間も通えたのにふるさと帰りの喜びなく不思議。
・堆肥舎二坪の屋根修理、応急手当てができた。
・庭に伸びたクズなどのつるも切って片づいた。
・滞在中ずっと風上の幸運にめぐまれ、火山ガスの影響を受けずに済んだ。
・持参の薬が切れたが、万一にと予備薬を島に残しておいて事なきを得た。
・野菜生育実験で前年十月に播いた時なしダイコンが親指ほどの太さに育っていた。この一例から場所・時期により枯れないが、庭での野菜自給の困難を知る。
・帰り航路で久しぶりに八丈島底土港や八丈富士を望み、御蔵島の黒崎高尾の断崖や大滝を眺めた。

私の十一回目の一時帰島

十六年四月二十日。日帰り一人旅。火山ガスの流れる風下の三池港に着き防毒マスク着用。環境基準百五十倍濃度の6ppm。帰りは無事。目的の原稿補強用の資料本を探し出し、汗かいて持ち帰る。

私の十二回目一時帰島

十六年五月二十七日。単身日帰り。目的の家の風通しは、小雨でできずがっかり。三池港使用で火山ガス被害地の三池地区や阿古粟辺・薄木地区の様子をバスの窓から眺め、改めてその惨状に驚く。

新しく観察できたことを次に述べる。
・タカサゴユリ、カレンジュラ、イヌサフラン、ツツジ、クジャクサボテンが庭で咲き、月下美人の蕾を温室で見つける。水なしに強いサボテン類の威力を改めて知る。
・野生のガクアジサイの花、ハチジョウグワの実をどっさり見つける。カジイチゴも実をつけた跡あり。
・エダシャクトリの幼虫が大発生。島で初めて。風よけのヤブツバキや森のタブ、庭のツツジに群がる。後日、昆虫博士の土生《はぶ》昶毅先生に現物を送り同定してもらったら、ハスオビエダシャクトリガの幼虫で、人・野菜に害はないとの返事に胸なでおろす。
・野鳥では、コウライキジ、アカコッコの姿を確認、ウグイス、ホトトギスの声に和む。
・自生種マルバシャリンバイ、トベラ、チガヤ、スイカヅラの花を見る。ハチジョウイタドリ、アズマネサザのたくましさに目を見張る。

避難五年目に入ると、留守家屋の閉じ切りによる傷みは急速に進むと思われるので、今後は毎月一回のチャンスを活用して、家の中の風通しに島通いするつもりでおる。家の周囲のススキや雑木退治は、老いの身では無理で若い労働力を頼まねばならぬかと思い悩んでいる。

この点は、帰島を望む島びと誰もが同じでわが家に暮らせるまで頑張るしかないと覚悟を決めている。それにしても老いてからでは辛く、病いや仕事で行けぬ島びとに個人資産は自分の責任で守れとは、離島で立ち入り制限の条件下では、どう考えても不条理だ。

三　げんき農場とゆめ農園
……「いいとこ、めっけたな」「おめーも来い」……

両方ともに島びとの暮らしを支える農場だ。土いじりを失い、侘しい思いの島びとの都会での心の拠《よ》りどころでもある。救済事業の性格も併せ持ち、情報交換や帰島までの気持ち安らぎの場としても役立っている。

効用は大きいが恩恵を受けられるのは、周辺に避難した通園可能者だけであり、労働に耐えられる元気者に限られる。働きたくても遠くて通えないとか、年寄り・病弱者は別途救済の道を考えないと不公平感は拭えない。

それにしても両農場で救われる島びとがいるだけでもありがたい。尽力された関係者に感謝する。

・げんき農場

先に開園したのは、「げんき農場」だ。平成十三年五月十日、八王子市の宇《う》津《つ》木《ぎ》に空いていた都有地約三万㎡を開墾する形で出発した。島びと対象で、前期と後期組に分かれ、各五十人が毎月十二日程度働けるという。

国の緊急地域雇用特別基金事業で、都が事業主体となり、都農林水産振興財団と島嶼《とうしょ》農協が運営する。いかめしいお役所名が続いて分かりずらいが、実質は島の農協と島びとに任された運営だ。栽培品は、島の特産のアシタバ・サトイモ・サツマイモなどで、収穫物は島のイベントなどに提供されている。

そこで働く人は、国民年金にプラス収入となり、どれほど助かっていることだろう。その様子が毎月発行の「三宅島げんき農場便り」からうかがえる。便りは役場の「広報みやけ」とともに全所帯に届く。そこには、毎回農場で働く仲間の生の声と顔が写真に載って親しみを増す。公開されている刊行物で本人了承済みの中から、次に紹介する。

(イ) **創刊号**　十三年六月十五日

鈴木喜一郎さん、坪田地域でアシタバ栽培を手広く営まれていた方で前期組、今は八王子市柚木在。年寄りが楽しく働く場ができてよかった。島の特産物づくりで老いを忘れ、長期避難のストレス解消にも役立っている。「大農は草を見ずしてとり、中農は草を見てとる。下農は草を見てもとらず」と昔学んだ教えを支えに、雑草と格闘しながら帰島まで頑張ると。お年を伺いびっくり。八十三歳のお元気さだ。

(ロ)　十五年正月号　農場事務局記

○サツマイモ煮切り干し配布

島の正月に欠かせない「サツマ餅」の材料がサツマイモの煮切り干しである。収穫した後出荷できなかったくずサツマイモを材料に七百kgができ、各地のイベントや自治会餅つきに役立ち好評だったとある。農場でも盛大に餅つきをしたという。

○アシタバの種子収穫

伊豆諸島の海辺にのみ自生するアシタバは、多年草で開花結実には三～四年を要する。それが八王子の地では、一年で種子が採れたというから驚きだ。環境によって生態が変わるには長い年月を要するとするのが一般的な理解である。不思議な現象として生態変化の解明をしたい。

ここへ、アシタバ栽培の様子を見学に来たのが神奈川県立中央農業高校二年生十四人と指導された同校フラワーデザイン部の松山先生である。神奈川県に避難した年寄りとの花交流の過程でのことで、この話は後述「疲労感の中の救い」に譲る。

(ハ) 天皇・皇后両陛下のご来場

十四年三月十八日午後、両陛下「げんき農場」にご来場。働く島びと四十四人全員に一人ずつ親しく声をかけられ励まされたと伝え聞く。折しも強い土ぼこりの中、約五十分も農場内を回られ、島びと一同感激したと「広報みやけ」五月一日号にも載っていた。農場で働く島びとの喜びは、避難している私らも共有できて、どれほど心強く、また優しさに感動したことかと後世に伝えたい思いだ。

このことは、さらに次のことに続く。

皇后さま、八王子市に「元気農場」を訪《と》うと題して、十五年正月元日宮内庁より発表された。十四年中に詠まれた歌のうち、発表の三首の一つが次だ。

　　これの地に　明日葉《あしたば》の苗育てつつ
　　　三宅の土を思いてあらむ

先の昭和天皇に複雑な思いの私も、今の天皇、ことに皇后美智子妃の優しさには、光明皇后と並び敬愛の念を抱いている。光明皇后とは仏心篤き聖武帝妃で、悲田院《ひでんいん》・施薬院《せやくいん》で窮民を救ったと昔教わった方である。

・ゆめ農園

開園は、十四年二月一日。場所は江東区夢の島で、当初は八十人が二期に分かれて働いていたが、今は通年になっている。げんき農場に続く第二の働き口で、ここも好評である。隣りが有名な夢の島熱帯植物園だ。運営もげんき農場と似た形である。

こちらは、二万五千㎡余の土地に十二棟のビニールハウスを建て、帰島に備えた島内緑化用の樹木苗ヤブツバキや島特有の草花・シダ類の苗を生産している。イベント配布用に鉢植えの草花も大量に育てている点で、げんき農場とは趣きを異にする。

都会の臨海部に農業のできる場所があるとは意外だし、日常畑仕事で野菜自給をしている島びとには願っ

げんき農場「ゆめ農園」開園
(2001年５月10日：三宅村提供)

ゆめ農園開園（2002年１月15日：三宅村提供）

てもない嬉しい働き場である。

島産のツバキ・シイの種子から苗が順調に育っているというし、タマシダ・レザーファンの苗も手がけていると聞き、帰島につながる夢があってよい。冬場には、ドライフラワーやクリスマス用の飾りも作ると知り、一層嬉しさが湧く。

この「ゆめ農園」にも、十五年四月三十日午後、天皇・皇后両陛下が訪れ、働く島びと約六十人を労《ねぎら》った。両陛下の優しい気遣いのおことばに避難疲れがふっ飛んだと身近に接した島びとから直接聞いて、わがことのように気持ちが安らいだ。

げんき農場、ゆめ農園に対する国の緊急雇用対策助成金は十六年三月末で打ち切られた。以後両所で働く島びとは、自助努力で収益工面を図らねばならず、島から火山溶岩を取り寄せ、島のシダや都会の人に好まれる小柄な草花を植えつけ、野趣豊かな溶岩植え込みに育て、催しなどで草花鉢と一緒に販売し人気を得ている。島の野生と都会の好みを組み合わすと意外な特産品が誕生する。今後の健闘を祈り、帰島後の復興に役立ててほしい。これはゆめ農園の話で、げんき農場の方はアシタバ新芽を切り、今流行の健康野菜で売り出し好評を得ているとテレビは伝えていた。島びとが苦難に負けず頑張る姿を見るのは嬉しい。

四　復興への夢（復興計画策定委員会）
……「夢がほしいな」……

復興の夢づくりは、村長の要請を受けて復興計画策定委員会が担った。十四年正月早々、二十五人の委員が委嘱を受け、年末までに毎月一回都合十一回を越す審議を経て案をまとめた。

林春男京大教授を委員長に、笹井洋一都防災専門員や防災工学・火山学者のほか、東海汽船やＪＴＢ（旧日本交通公社）の運輸・観光面からも識者を迎え、半数は島を代表して助役、村議会議員、地域代表、職域代表も加わった。

案の要点は、「人と自然にやさしい健康で豊かな村づくり」をスローガンに掲げ、災害復旧と生活再建を重点に防災島づくりと地域振興を図ったものだ。

この間、二度も島びとにアンケートで意見参加を求め、有望なものは取り上げられたし、毎回審議過程の内容全部を島びとに報告する透明性の高いものだった。

最終案は村長に提出され、その結果は十五年二月に概要版として全島びとに配られた。概要発表の感想から私見を述べると、現実とはかなりの開きを感じた。それは、目標が高く設定され過ぎており、財源の裏づけがない点と実務を担う働き手、特に若者をどのように募り、島に来てもらうかが大きな課題として残るからだ。島には若者はいないのだ。

島全体の暮らしが崩壊したのだから、復興には生活全般の再建が必要なのは当然だが、そのため必要な費用、人材、技術をどのようにして得ていくかの具体的な訴えに触れてほしかった。島びとの意識改革と総力結集で、そのことを世に訴え、林先生の説かれる自助・共助で足りない部分の補強が望まれる。個人や一自治体の努力ではどうにもならないことを公助の形で補ってもらいたいのだ。公的支援を求める運動やボランティアの助けも必要だ。

観光立島や安心な島を目標とする点から、自然環境や生態系、そして火山ガスとの共生も考えられるなか、医療・環境面の専門家の意見が追加されてもよいと思う。また、地球活動に合わせた息の長い達成年月の設定はどうであろうか。十年計画でも短いくらいだ。それは植林事業で特に望まれる。泥流禍を防ぐのは、砂防ダムと植林だが火山ガス噴出が続けば困難だ。草地化の後に植林し、魚付林《うおつけりん》の役目も加え漁業再生とも結びつけてほしい。

島びとが代表に加わっているとはいえ、散りじりになったすべての島びととの意見を汲みとることとの難しさを痛感した。ことに年寄りや生活困窮者は、その苦しみを訴える力も手段もない。最も切実に助けを求めている島びとたちには、この報告書は遠い存在に映ったであろうと想像する。

ここから得た私の結論は、復興の夢づくりは、どんなに苦しく時間がかかろうとも島びと自身の苦悩の中から自らの手でつくり出さねばならぬということであった。その足りない部分を世の識者に助けてもらうのが自然な姿であろう。それができないからこそ、委員会にお願いしての案づくりだったのだ。ニワトリと卵のどちらが先かに似て、悩ましいことになってしまった。

火山学者でさえ想定してない大きな自然現象であり、なお続く避難暮らしの長期化、そして災害現場が遠く離れた島で立ち入れない現実。これでは島びとの経験や知恵、努力で復興の夢づくりができないのは当然だ。そこまで承知でも、やはり島びと自身のこととして苦しみの末に生み出すのが「夢」であろうと思う。

委員の皆様の長期にわたる努力に深く感謝しつつも、やはり不満は残る。私自身改めて頑張らねばと反省している。帰島は遠い先だろう。案に手を加える時間はたっぷりある。

夢という目標は、高く大きいほど値打ちがある。でも現実には身の丈に合ったものでないと手がつかぬ。私はその両者の間で戸惑っている。同じ思いの島びともいると思う。林先生の提唱される「自助」・「共助」・「公助」の考え方には共鳴できる。

今、島びとに求められるのは、まずできることを自らやる「自助」努力であり、次は仲間と手をとり合っていく助け合いの「共助」であろう。九州雲仙や北海道有珠《うす》の両噴火被災地との連携も助け合いだ。その上でなお足りない部分を「公助」の形で、行政府や立法府にお願いしよう。努力にも限界のある年寄りや病人の暮らしは長期化するほど深刻さを増しつつある。法改正の署名運動もそのためにしているのだ。

追加の形で復興計画に加えてほしいことは、重ねがさね書くが、東京での三宅村づくりだ。避難解除になった折、様々な理由で帰島を諦めねばならぬ島びとが少なからず出ると思われるからだ。

五　情報不足

……「役場何しとるだ」

「責めるな、頑張っとるぞ」……

三宅島の噴火避難は、この夏で五年目に入り、世間からは過去の出来事として忘れられつつある。噴火翌年には、ニューヨークのテロ事件で世界中が騒然となった。続いてアル・カーイダ掃討や北朝鮮の拉致問題が国内不況とともに話題をさらった。今はイラク戦争とその戦後処理にＳＡＲＳが重なり騒がしい。

そんななか、島びとはお互いの暮らしを気遣いながら、先行き不安や島の情報不足が将来展望につながらず不満の的になっている。勝手な憶測や噂が独り歩きし、それが願望と重なって増幅すると混乱にも拍車がかかる。揚句は、島びと仲間の助け合いや話し合いにも影響が及ぶし、復興への取り組みにも支障が出る。

夢があれば人は頑張れるものだが、そのビジョンが生まれないのだ。復興計画案が出されたが島びとには手が届かない。問題の根は情報不足にあると考える。

そのことが避難丸四年を経過して、島びとの次のやりとりに表われていると思う。


「おい、早《はよ》う帰らんと家腐っちまうぞ」

「わかっとるが、どうしようもねえ」

「こげな時、島の者《もん》まとまらといかんげに」

「がんばって何とかすべえー」


次は諦め組の会話だ。

「おらもうとしだ。なんもでけん」

「島の家で死んで、先祖の墓に入りてえー」

「いつまでも待てんずら」

「だーからよ、悲しいなー」

将来に取り組む意欲派は、

「まんず、島の者《もん》の気持ちを励ますことが先だ」

「んだ、人あっての島だ」

「次は、暮らせん者《もん》を誰《だ》がみる」

「親子だろ、親戚もいるずら」

「いんにゃ、みな暮らしに困っとる。都《と》や国に頼まんとな」

「でけることじゃねえぞ」

「長くなりゃ、世間もいやな顔するずら」

「うーん」

十五年春を迎えてからは、

「家どうする」

「三泊四日の一時帰島で、わが守らにゃ」

「でけん者はどうなる」

「そこだ」

「役場の出番ずら」

「ボランティアに助けてもらうべ」

「役場には金《かね》ねえずら」
「だーからよ」
「東京には、知恵者もいるんずらに」
「連れて来る者がいねえだよ」
「島中で稼ぐこと考えねえとな」
「そん通りだ」
「金の世の中だな」
「昔の流人《るにん》に戻るか」
「そーもいかんずら、学校や医者はどうする」
「しんどいなー」

島びとは、避難一年後からの一時帰島で自宅は確かめているが、島全体のことは分からない。まして、火山活動の先行きに関しては予知連の統一見解以外、対応判断の資料を持たぬ。ならば島びとが寄り集まって、長期対策を立てたいが、相談して知恵を絞るにも住居が散りじりで有効な手が打てず焦るばかりの日々だ。

島では、六～七百人の防災工事関係者が働いている。それらの人たちから島暮らしの生《なま》の声を聞きたい。火山や環境生態系の学者、防災や農漁業専門家に渡ってもらい、調査や試験の結果も知りたい。交通や医療関係者の渡島も求められる。マスコミ陣の渡島取材の機会を増やすよう望む。本当の姿を知らないと帰島してからでは遅いのが情報不足の恐ろしさだ。関係者の考慮を強く求める。

島びとが今求めている情報は次のものだ。

①　いつまで島の家屋が持つのか。老いとともに一時帰島による家屋手入れの負担が体力・費用面からも不安になってきた。子供が戻らん所帯では深刻だ。

②　噴火前の環境に戻れる可能性があるのか。野菜や魚の自給ができるか見当がつかず、不安だ。火山ガスの中で観光民宿は本当にやれるのか。これらは収入・仕事にも関わることだ。

③　火山ガスの中で安心して暮らせるのか。リスクコミュニケーションとやらは自分の健康は自分で守れということか。徹底不十分だ。

④　医療の整備は、火山ガスとの共生の上で欠かせない。介護制度はその厳しい環境の中で機能するのか。両制度の財政基盤は大丈夫なのか。

⑤　役所の通知には決定したことの内容が多く、予定を知らせる場合は直前であり、島びとの要望汲み上げには不十分である。

現在、島びとが確実に手にする情報には次のものがあるが、一部孤立している島びとには渡っていないものもあるようだ。

①「**広報みやけ**」

毎月一回役場発行、タブロイド版

火山活動や避難島びとの暮らし、一時帰島など事態変化に対応した村長の所信表明が毎号望まれる。特に都や国との交渉経過も載せてほしい。村行政の基本方針が必要だ。

②「**三宅島の現状**」

毎月二回現地対策本部発行

島の気象や火山活動の状況、一時帰島の実施概要、政府国会来島者の様子、復旧工事の進み具合、就労情報が内容で島の様子が分かってよいが、概要一～二枚では寂しい。現地常駐者の生の声を伝えるよう改善を望む。

③「**三宅村議会便り**」

不定期で村議会発行

村議会内容や災害地視察報告などが中心。今後望まれることは、復興計画案に時間経過で必要になった補強や新たに生じた島びとの声を加え、計画達成の道筋や手順も求めたい。避難長期化対応策は、ぜひ必要だ。

④「三宅村復興計画策定委員会報告」前述

最終概要報告の公開は、十五年二月だ。

⑤その他

「みやけの風」「れんらくかいニュース」「げんき農場便り」「三宅島社協だより」「シルバーみやけ」「都農業試験場便り」「都水産試験場便り」「都保健所だより」、島の「農協・漁協だより」「あかこっこ」など様々な情報が定期・不定期に役場から毎月一日と十五日に届く。中でも貴重なのは、「気象庁発表」や「予知連統一見解」である。

情報不足で不満の代表例を二つ挙げておく。

① 島暮らしでは、最も気になるのが台風だ。伊豆諸島は、台風の通り道になっているからだ。心配的中の例を次に紹介する。

十四年十月一日夕刻、三宅島南西海上を通過した台風21号だ。多くの方には、伊豆大島の波浮《はぶ》漁港近くで座礁したバハマ船籍の自動車運搬船（三万六千ｔ）の事故とその後の火災騒ぎを思い出していただくと記憶がよみがえるあの台風だ。

中心気圧九四〇hPa、中心風速四〇ｍ、高波一二ｍは、長い島暮らしでも初めて耳にする巨大な風雨台風だ。

ニュースは、八丈島で風速四七・九ｍを記録し、家屋被害も伝えていた。伊豆半島先端の石廊崎《いろうざき》でも凄い風速だったし、大島の座礁事故を併せ考えると、その中間に位置する三宅島が無事とは思えない。島びとが心配してもどうにもならない留守家屋だが、せめて島の台風情報は欲しい。島では風向きがどう変わり、風速や雨量・高波はどうか、どのくらいの時間吹き荒れていたのか。三宅島測候所は、この台風観測のために置かれ、常駐職員もいるはずなのだから台風情報を素早く役場に伝え、被害の有無程度を島びとに知らせる務めがあると思う。それが音なしで島びととの総すかんを喰らった。役場もその後詳しくは触れていない。ＭＸテレビは、毎日朝夕夜と三回も三宅島情報を放映している。役場から頼めなかったものかと残念でならない。

果たしてその後の一時帰島で惨状が明らかになった。坪田漁港の漁船十七隻が壊れ、阿古では修理依頼の直したばかりの屋根が飛んで、嘆きはあちこちから聞えてきた。

逆らうことのできない台風とはいえ、わが家を守れぬ歯がゆさは、身に滲みる。情報だけでも伝えてくれたら、覚悟した分だけでもあきらめがつく。

この台風は、本土に上陸した後も東日本を縦断して各地に大きな被害をもたらしたことを付け加えておく。

②二つ目の不満例は、砂防ダムだ。

砂防ダム七十五基の建設に疑問を持つ私だが、十五年二月二十二日の予知連説明会の席上、気象庁の役人が口にしたことばは気になる。砂防ダム建設は、七十五基から五十一基に減らすと。その理由を知りたい。予算不足、必要性の見直し、火山ガスや急峻地形による建設困難など、いろいろあろう。そのことが担当する現地対策本部の「三宅島の現状」に載らないのが問題だ。

島の現実を知りたい。それによって帰島の覚悟や判断が動くのだ。情報公開を強く望む。

六　避難長期化への対応

……「こん先どうなるずら」「わからん」……

島びとの予想を超える形で避難は長期化の様相を見せ始めた。

初めの一年は、心配しながらも火山活動の行方を見守る島暮らしの延長であった。それなりの手当ても受け、世間の同情もあって、のんきだった。

二年目には一時帰島が始まり、わが家を見て誰もが愕然《がくぜん》とした。帰島の見通しが立たないことも不安に拍車をかけた。遅まきながら島民連絡会を立ち上げ、行政や議会に働きかけ始めた。島びとは必死に働き始めた。

三年目に入ると避難暮らしにも生活格差が生じ、困窮者や年寄り、病人の深刻さは増していった。一時帰島による家屋手入れにも疲れが見えてきた。子供の教育、帰島後の生活問題と次々難問が火を噴き、その対応策を見出せず、焦りや不安が増幅していった。それらを次の三項にまとめる。

1　住民説明会
……「くどい話はいらん」……

住民説明会は役場主催で三回開かれた。その三回とも出席して説明を聞いた。ふれあい集会の分は別扱いとした。

最初は十三年五月十二日都庁を会場に催され、次々と場所を移して四カ所で計七百五十人の島びとが参加した。

二回目は、十四年十月二十日やはり都庁を会場に行われ百八十二人が説明を聞き、その夜、同じ内容で立川でも催されたという。

二回とも行政側の説明が中心で、当面の課題と先々の懸案について聞くのが主眼だから質問が多いかと思ったのに逆で意外だった。

さて、一回目の分だが、行政側の主な説明点は次のようだった。

① 神津《こうづ》島に現地対策本部を置き、二百人の作業員と五十人の防災関係者が毎日船で三宅島に渡り復旧に努力しているが、海荒れでの渡島や火山ガスに阻まれて難渋している。

② そのため島に常駐できる施設を試験中だ。

③　一時帰島の希望が強いが、火山ガスの勢いが強く、現状では危険で難しい。
④　島びとの生活実態をアンケート調査する。
⑤　島びと対応窓口に村民課を設ける。

その他で明るいニュースは、前述の「げんき農場」の話と自治会活動に補助金が出るというくらいのものだった。肝心のいつ帰島できるかについては全く分からず、その間の暮らしの支援もなく何のための説明会かと思われた。副題会話とは逆にくどくなった。

それでもさして不満が出なかったのは、避難からまだ一年もたたず、噴火は天災であり、やがて収まるだろうと誰もが思っていたからだ。都営住宅に入れてもらい、世間の同情も受け、義援金もいただいた。国の支援もあったし、当面の暮らしが成り立っていたことが大きいと思う。

島の様子が全く分からなくて不満だが、国は災害復旧に全力を尽くすと約束し、その予算もついた。島びとも家は一年ぐらい留守にしても急に傷むことはないと軽く考えていたようだ。

噴火は収まり、火山ガスは毎日大量に噴出していたが、その恐ろしさについては誰も実態を知らず知識も待ち合わせていなかった。要するに島びとは実にのんきだったのだ。世間の情けに甘えて珍しい都会暮らしを楽しんでいる節さえあったほどだ。わずかな人が事の深刻さを語っていたが真剣に取り上げる相手は少なかった。

　これが二回目の説明会になるとがらりと様変わりした。展望が開ける期待は打ち砕かれ、一時帰島開始でわが家や島の惨状が分かり不安は急速に広がった。諦めさえ漂い始めた。それは長引く避難暮らしでの困窮化や手が届かぬ島の家屋の手当ての難しさに加えて、帰島のめどさえ立たぬいらだちにあった。

　せめてそれらへの具体的対応策でも打ち出されていたら、島びとの気持ちも和《やわ》らいだであろうと残念に思った。現実に対応して素早く難問を解決するのは、いつの時代でもどこの世界でも厳しいことは歴史で学んでいるが、それがわが身に及ぶとやはり深刻である。

　避難二年にもなると島びとにも暮らしの格差が顕著に現れてきた。都会に馴染めぬストレスから、閉じ込もりや病人が続出した。この間の死者八十人には誰もがショックを受けた。助け合うにも悩みを語るにも住居の散らばりが改めて大きな壁であることを思い知らされた。集まるにも往来するにも交通は複雑でお金がかかる。家庭崩壊を心配して子供を引きとる親が増え、秋川集団学校はみるみるうちに縮少し、小学校は休校、中高も同じ運命をたどりつつある。若者は腰を据えた職に就けず、アルバイトで生計は苦しくなる一方だ。

これらに対応する肝心の手立てが示されぬ住民説明会では意味がない。できない原因がお金か人手か知恵か、もっと別にあるなら、そのことを率直に明かして島びとともに解決の道を探ってもらいたい。

先の見えぬなか、島びとの願いは次の三点に尽きる。何度も述べて恐縮だが改めて書く。

① 避難暮らしの支えが欲しい。働いて得る収入を望んでいる。働けない人には特別な手立てが必要だ。

② 島を離れて四年の空白は痛い。島は荒れ、農漁業の市場や民宿の顧客とは縁が切れた。帰島は開拓・開墾を意味する。帰島後の暮らしの道を島中の知恵と努力で探し求めねばならない。

③ 世間の関心は三宅島の噴火避難を過去のものへと風化させつつある。話題は世界的規模のものへと足早に移っている。世間から忘れ去られるのは辛い。その暗く沈む気持ちを励まし、夢を持たせる説明会を望んでいる。行政サービスの原点に立ち帰ってほしいとつくづく感じた。

帰島を柱に他の道も含めた多様な選択肢を用意しながら、避難長期化の対応策が緊急に求められる事態になってきた。

このほかにも島民ふれあい集会での行政側の説明会を含めると、回数はさらに増える。それらについては、島民ふれあい集会のところで述べたので、ここからは省く。

三回目は、平野新村長就任で「帰島に関する住民説明会」だ。島びとの関心は非常に高かった。

十六年四月二十四日八王子市、北区、同二十五日都庁、同二十九日江戸川区、立川市、江東区の六会場で次々と住民説明会が行われた。続いて同年五月七日から十五日にかけては、武蔵村山市、下田市、八丈島、最後に三宅島で働く島びと対象にミニ住民説明会が行われ「広報みやけ」によると合計で七百八十人の島びとが説明を受けたとある。行政も島びともよく努力したと評価したい。

私は、都庁で話を聞いたので、その時の様子を述べる。

村長や各課長からは、次の点が説明された。
・帰島に向けた村の基本的な考え方
・帰島に向けてのスケジュール概要
・火山ガスの状況

・火山ガスと健康影響

これらに対しての質問やその答えでは、村長は早期帰島方針を示したがその時期には触れなかった。火山ガスは当分続くと予想されるから、安全策が必要とガス共生を強調した。

各課長からの説明と質問の主な点は、次のとおり。

・ガス測定局は村内十四カ所に設置する。
・無線放送受信機は各戸に設け、有線放送する。
・避難バスを用意し、公共施設は脱硫化する。
・立ち入り禁止地域を設ける。
・ガス高濃度地区に御子敷《みこしき》、三池、沖ケ平《おきやたいら》、薄木《うすぎ》、粟辺《あべ》を考え、夜の自宅宿泊は禁止。これは予想していたがやはりショックだ。
・個人住宅に脱硫装置設けられるか。
・都営住宅継続入居は三カ月だけ、帰島せぬと居住地の住民となる。
・村の教育は、現六校を残し、伊豆で合同教育となる。

村長の帰島判断は、「住民の帰島調査」の結果とリスクコミュニケーション、そして火山ガスの様子をみて決めると。帰島準備に六カ月、解除決定後三カ月で帰島を終える建前とも。

この説明だけでは心配で不安いっぱいだが、とてもこの場で尋ねられるものではなかった。帰島の流れが強まったが、火山ガスとの共生の中で生活していくには、よほどの準備と覚悟が必要で、帰島の夢はふくらんでも同じくらい心配も増えたことになる。帰島もその後の生活もすべて自己責任となる。病人、高齢者、子供の教育、仕事や生活手段で思い悩む島びとが多かろうと思う。帰島も残留も地獄と化すであろう。その負担をどれだけ軽くできるかは、帰島前に島びとと役場行政の話し合いにかかっている。

2　予知連説明会……「学者もわからんと」……

「予知連」では、三カ月に一度専門研究者が集まり、全国の火山活動や地震データを持ち寄って検討し、結果をまとめ発表している。気象庁や東大地震研究所など関係する様々な分野の研究者が加わっての検討会だ。

その中で三宅島の火山活動も話し合われており、会長の井田喜明先生が代表されて予知連統一見解を発表される。三宅島関係では、井田先生のほか、伊豆部会長の渡辺秀文先生や気象庁の竹内務火山課長、その後任の山本雅博課長、山里平補佐も一緒で説明会に臨み、スライドやOHPを使っての話は、現地に即しており島びとには分かりやすい。
避難以来、島びとへの直接説明は次の五回である。
十四年三月十四日　　気象庁にて
十四年六月二十四日　　気象庁にて
十四年十一月二十三日　都庁にて
十五年二月二十二日　　都庁にて
十五年五月三十一日　　都庁にて
いずれも島びとが対象で、あとの三回はマスコミにも公開された。
他にふれあい集会で井田先生や都防災専門員笹井洋一先生が話された分も含めると回数は増える。
これまでの要旨は、次のようになる。
○噴火・地震は収まりつつあるが、代わって有害な火山ガスが大量に噴出し続けている。
しかし、長期的には火山活動は低下傾向にある。
○今後も小噴火は時折あり、山麓にわずかの灰を降らすことはあるが心配する程度ではない。台風などの大雨で泥流被害も起きているが、砂防ダムの整備で生活基盤は確保されつつある。
○火山活動の終息見通しは、現在の火山学ではめどが立っていない。
○帰島を阻んでいる火山ガスについては、データの収集と分析に努めているが、なお時日を要すると。
　これらの説明から併せ考えると、どうやら今回の三宅島噴火のメカニズムがやっと研究者の間でまとまってきたようだ。それは次のようだ。

　三宅島雄山《おやま》山頂には直径一六〇〇ｍ、深さ四五〇ｍのほぼ円筒型の穴が五回の噴火により陥没してできた。その下三㎞ほどの深さにマグマ溜まりがあり、山頂との間の火道でマグマの残滓《ざんし》が対流現象を起こして激しく蒸気を噴出しているとの説明だ。このような現象が起きるのは、マグマ溜まりの縮少と火道内の脱ガス対流によると推定されているからだ。

　その噴き出すガスのほとんどが水蒸気であるが、うち一割ほどが有害な二酸化硫黄という。三年経た今も日量の有害ガス噴出量は、数千ｔから一万数千ｔである。この二酸化硫黄つまり亜硫酸ガスが直接あるいは水に溶けて酸性雨となり、島中の環境を痛めつけているのだ。人体に有害なほか、植物を枯らし、その流れ道では金属まで溶かしていくので恐ろしい。

このマグマ溜まりの下には、さらに大きなマグマ溜まりがあり、その深さは一〇㎞と推定されているが両者の関連はまだ解明されていないという。やれやれ、火山島に暮らすのもまったく気がきでない話だ。

井田先生によると、今回の噴火以来、二酸化硫黄の噴出量は一年に約1／3ずつ減っており、似たような火山活動をして四十七年間も同じガスを噴出している鹿児島県桜島並みの日量一五〇〇ｔに減らないと帰島については語れないという。その量も濃度も日によって変わり、風下ではまだ人が生活できる状態にはなっておらず、先のことは観測しながらデータ分析を続けますと。

島全体が毎日危険ということではないので、火山ガスと共生する道も選択肢の一つとして考えられるから、行政と話し合ってはどうだろうか、と話されたのが印象的だった。

なお、桜島並みに火山ガス噴出量が減るには、井田先生説を基にするとこの先約一年半ほどの年月がかかる。その桜島では危険承知で人が暮らしているのだ。念のため地図で桜島を調べてみると、東西一二㎞余、南北九・五㎞とあり、三宅島よりひと回り面積は大きい。それにガス噴出口から麓までの距離も三宅島の三㎞余に対し桜島の方が五～六㎞と長く、また桜島の山頂一一一七ｍに比べて三宅島雄山は八〇〇ｍを切る低さで不利だ。

この話は、十四年六月二十四日気象庁での説明会内容だ。

ここから推測しても帰島はかなり先で予測は困難ということになりそうだ。人間の生活時間と地球の活動時間では、その単位に大きな差のあることを改めて思い知らされている。人間の目線で地球の動きを扱ってはならないのだ。火山活動終息について研究者の口が重いのがよく分かる。

その桜島には、昔二度行っておるが最初は観光、二度目は桜島大根の火山灰・礫《れき》地《ち》栽培の調査で、噴火や二酸化硫黄などとは無縁の旅だった。日本や世界の歴史・地理を高校で習ったはずだが暮らしとはあまりつながってはおらぬようだ。それに私には寿命の残り少ない焦りがあるので困ってしまう。

自然相手には根気よく対応せねばならぬことが体験してやっと納得できた今日この頃である。同じ思いの島びともきっといるに違いない。

なお、十四年十一月二十三日都庁で行われた三回目の火山説明会でも、これまでの説明と大差はなかった。

渡辺先生の説明や島びととのやりとりから三宅島雄山の火山活動が長期的には低下しつ

つあることが再確認されて嬉しい。何度も書くが、私には「長期的には」というのが気にさわる。寿命との競争になるからだ。

それでも次のことが分かり収穫だった。

○雄山直下の二つのマグマ溜まりの大きさや位置、その構成成分などは、まだ解明不十分でそれは今後の海底地殻調査で分かるだろうと。地下水の浸入状況、残存ガス成分や量などがその結果として推測できるらしい。待ち遠しい。

○地震計測、GPS、傾斜計測、重力測定、磁気計測などのデータでは、十四年夏から急に安定傾向を示しているとのこと。

○国土地理院や東京都などのほか、現地測候所や御蔵島《みくらじま》からの望遠観測のデータも加わり、観測体制が整いだして期待できる。

○悩みは台風だ。強い台風のたびにソーラーシステムの観測機器が壊されるという。もう一つは山腹林道が未整備で、山頂火口付近の観測点確保が困難なためデータ不十分という。残念だ。

○それでも火口温度の低下やガス噴出区域が狭まり、その勢いも弱まったとの朗報もあった。

私が気にするのは、暮らしに直結する二酸化硫黄の人体や家屋、そして畑作や自然環境への影響だ。それは予知連とは別に東京都が「三宅島火山ガスに関する検討会」を十四年十月に設け、その結果が人体への健康目安として十五年四月に発表された。医師の立場からのその話は、前述「火山ガス」の項に載せた。

島の測候所から木目細かい火山ガス情報が流される仕組みさえ整えば、帰島後の生活でも火山ガスへの対応ができるかなと淡い望みを持っている。島の風は気紛《きまぐ》れだから、日によって刻々と変わることがある。火山ガスの量、濃度も風向きや地形によって動くのだ。最後の対抗手段は、自宅にクリーンルームを設けるしかないかなとも思う。それでも喘息やアレルギー体質では怖いし、そんな日常が果たして私の望む穏やかな老後なのかと考え込んでしまう。健康への影響のほかに自給自足の畑づくりの楽しみがどのようになるか、その行方も知りたい。

新しいニュースを書き加える。

気象庁は、十五年四月から毎日二時間おきに島の測候所を通し、火山ガス情報を現地の役場有線放送で流すと。島で働く復旧工事関係者とこの春から実施の三泊四日滞在型の一時帰島者への安全対策の一環だ。

危険の度合を知らせても、防毒マスクで逃げるしかない。逃げ込むクリーンハウスの数も足りない。帰島してのんびり温泉暮らしに戻れるのは、夢の又夢かと一歩前進の朗報にも溜息が出る。ガスが止まるのか、本当に減っていくのか、気にすればストレスが溜まる一方だ。

十五年五月三十一日の都庁での火山説明会は欠席した。同じ日の同時刻、府中の農工大で行われた「よみがえれ三宅島の緑」シンポジウムに出ていたからだ。

五月十三日の予知連統一見解では、「火山活動はゆっくり低下しているが、最近半年は低下割合が緩慢になっている」と。

また、予知連会長が井田喜明先生から東大地震研教授の藤井敏嗣先生に交替されたことも。井田先生の率直なお話やメール回答に感謝する。それにしても井田先生と相前後して去られた青山佾《やすし》都副知事と併せ、三宅島は馴染みの心強いお二人を失い大打撃だ。頼りにする方に見捨てられたような悲しい思いが強い。

これ以後の予知連統一見解の発表は、文書の形で届いている。

十六年一月二十七日　気象庁より

内容は最近一年あまり火山ガス放出量は、ほぼ横ばいとなっている。よい現象ではなくがっかりだ。

3　島民対話集会
……「島のもん来たか。話でたか」……

公式な島民連絡会が発足して初めての島民対話集会が催されたのは、十四年八月二十四日のことである。場所は、池袋の豊島《としま》公会堂であった。

以後、北区桐ヶ丘、八王子など計七カ所に会場を移し、島民累計で六百四十五人が参加して役場側と熱心に話し合ったと新聞報道に載る。

避難から丸二年も経ち、あまりにも遅いとの感じだが、公式ルートの対話が始まったことを素直に喜びたい。

それ以前にも各自治会で行政責任者や村議会議員との話し合いは行われていたが、村長まで島びとの声が届いていたのかどうかさえ、返答もなく定かではなかった。それだけに今回は期待が大きいのだ。

この集会を通してまとめられた島びとの要望は次の三点に要約できる。

①　避難中の生活支援を望む。

② 島の家屋を中心に個人資産の保護を求む。
③ 帰島の具体案提示を。
これは、二百数十項目の質問の中から特に重要だとしてまとめられたものを文書の形で改めて提出し、回答も文書で求めた。

その後、住民説明会での村長の話が回答の形をとり、文書でも全島民に配られた。
① 生活支援については、生活保護の弾力的運用で対応する。
② 島の家屋の手当てでは、十五年四月から島民三百人収容のクリーンハウス活用による三泊四日の一時帰島計画実施で対応していく。家屋修理は自己負担になる。
③ 帰島具体策は、復興計画策定委員会の最終案が十四年末に出るのを待ってほしい。
結局、実のある解決策は何一つ示されず、がっかりして終わった。これでは暮らしの格差から生じた弱者救済もできず、島の家屋の維持も元気と金のある人だけに限られるし、将来の夢も描けない。

私が出席した豊島《としま》公会堂での第一回では、島びとの出席三十三人に比べ同じくらいのマスコミ関係者がカメラの放列を敷き、とても思いを述べられる雰囲気ではなかった。集会に出席さえできない弱い立場にある島びとの声を汲みとる仕組みを考えないと復興は難しくなると感じた。
対話集会の様子をまとめた「れんらくかいニュース」を読みながら、島びとは次のようにひっそりと語り合っているだろうと、私なりに島ことばで表わしてみた。

「暮らしに困ってる者《もん》は、生活保護を受けろちゅうぞ」
「避難強制で仕事奪っといて、生活保護とは何だ」
「バカにしとる話だが」
「仕事してもらう金が欲しいずら」
「おーよ、おらもそう思うが」
「病気の者《もん》は看てやらんとな」
「あたりめえだ」
「子供抱えた者《もん》も苦しいぞ」
「年寄りもだ」
「村長は、都や国に交渉しとるんか」
「そんなテレビ見とらんがな」

「村長杖突いとるぞ」
「そんだら、助役や村会がやらんきゃ」
「心細い話だな」
「おめえ家《げ》、大丈夫ずら」
「一時帰島で見る度にひどくなっとるが」
「屋根か、シロアリか」
「両方だ、おら、金のしんぺえが先だ」
「六時間の帰島じゃ助けてやれん、悪《わり》いな」
「相手が火山《やま》だ、文句の行き場がねえー」
「国がちんどっこ《ほんの少し》、やさしけりゃなあー」
「日本中が金なしだ、運の悪《わり》い時にぶつかったもんじゃ」
「だーからよ、がまんすべー」

「おめえー、いつ帰れると思うずら」
「おらに聞くだけ、むだだ」

「予知連も、役場も、国も、はっきりしたこと言わんが」
「困ったもんだ」
「もやって《助け合って》、がんばるしきゃねえな」
「団地が散らかって、それもでけん」
「悲しいな」
「ん、島の者《もん》みなしてテレビに出て泣くべ」
「アホ、なに考えてんずら」

この催しから、島びとと行政の真の対話が生まれていくのか気懸りであった。島びとに求められているのは、今何で困っているのか、どうして欲しいのか、避難長期化のなか、当てのないまま帰島を待ちわび、暮らし続けていけるのか、帰島してからの生活をどのように営みたいのかなどを率直に訴えることであり、感情に先走ってはよくない。不満の捌《は》け口だけでは解決にならない。

行政はビジョンを示して島びとの理解と協力を求めることが大切だ。

その橋渡しをするのが村議会の役目であろう。村議会は雲仙や有珠山の噴火災害地を視察し、彼の地の人たちと話し合っているのだから、先人の賢明なやり方を三宅島にも生かしてもらいたい。島びとにも行政にも生きた情報、ノウハウを積極的に伝えてほしい。

島びとの間には、今なお地の者《じもん》、他所者《よそもん》の区別があるし、五カ村時代からの確執が長く尾を引いている。LNP（米軍機夜間離発着訓練場）での不幸な対立感情も残っている。長期避難を機にそれらを解消して復興に一丸となる時であるはずだ。そのチャンスでもある。

長老は先祖の知恵を説き、若者は広い世間を学び、他所者は冷静な立場から意見を述べるなど、お互いの分を尽くした協力の時である。過去にこだわるのではなく、先を見通した島づくりが必要だ。

復興の核に観光産業を据えたからには、どうやってその観光で飯を食っていくかの具体策が帰島後の中心課題になる。噴火で傷んだ島とはいえ、国立公園の自然はまだ残っている。噴火の傷跡そのものが観光資源に加わったと受け止めてもよい。

農業・漁業・林業は、観光を支える脇役に徹するのか、専業として個性を発揮する分野の開拓に勝負を賭けるのか岐路に立つ。

年寄りの多い島で、医療や介護が大切なのは当然だが、その前に年寄りが元気で楽しく働ける環境づくりがより大切だ。年寄りの知恵と経験を生かせる場を避難中の今から取り込めば、復興の大きな力になるはずだ。例えばボランティアガイドなどで、島の歌、昔話、生活の知恵から生まれた風習や食事、島ことば、土地案内など観光客に喜ばれることは、いくらでもある。帰島してから役立つものを学んでほしい。

分散した各地の避難暮らしの中から小さな学習会が生まれつつあるという。これも対話集会の一つであろう。島の火山灰を使った染めものや陶芸、アシタバ料理の工夫、行政主導ではあっても介護講習やパソコン教室などもだ。これらの学習会や講習会は帰島してからも続けてほしい。

今後の対話集会に求められているのは、次のようなことがらだ。

○行政は財政の苦しさをどのように補うのか。復興は財源を求めての戦いになるだろう。
○島びとは帰島後の生活基盤をどのように築くのか。弱者の生活再建は大変な課題だ。
○万一に備えた防災手段や少子高齢化への対応策は考えられているのか。
○復興に必要な労働力確保の当てはあるのか。
○島の後継ぎをどのような形の教育に求めるのか。
○観光産業を柱にした復興の青写真が島びとの暮らしとどのように結びついていくのか。

○産業・教育・医療・介護・交通などは、島暮らしの泣きどころだったし、これからも続く厳しさだ。
避難長期化を島起こしのチャンスととらえ、都会から学ぶことが離れ島自立の鍵だと考える。
島民対話集会は、避難長期化に伴う対応策の一環として、今後も次々と回を重ねてほしい。

4　噴火被災地との連携
……「雲仙や有珠《うす》の知恵借りてーな」……

噴火被災者は三宅島の島びとだけではない。活火山いっぱいの日本では、昔から噴火の惨事は実に多く歴史に残り、語り継れてきた。でも、古いことや遠い地のことは、忘れられて他人事だ。日本には活動火山だけでも百八山あり、三宅島はAランク十三のうちに入っている。

雲仙では二百年ぶりの大噴火に地元の人は初めてだと驚いている。「島原大変、肥後迷惑」の逸話さえあるのにだ。有珠でも先の大戦中に昭和新山ができる大噴火があり、日ごと高く育つ噴丘を地元郵便局員が糸目盛で正確に測定記録していた話は有名だ。わずか六十年足らず昔のことである。

それを書けば三宅島の年寄りはこの半世紀の間に四回噴火を体験していると口にする。いずれの地でもその歴史はあまり後世に生かされていないようだ。人間の性《さが》というべきか。とりあえず危機を脱し、平常に戻れば辛いことは忘れるに限る。

でも、今回ばかりは島びとも音《ね》を上げている。先の両被災地と違うのは、海を隔てた島という点だ。噴火の期間でいえば、雲仙は五年経て噴火を止め、その被災地に最初に戻って家を建てた人は八年目と聞いておる。有珠の方は三宅島より三カ月早く噴火して、その活動は今なお続いているのに危険地帯を区切って温泉街を再開している。耐える根気と復興の努力のほどに敬服する。

島びとが身近に感じ、その苦難克服の知恵を借りたいと思うのは当然だ。

ふれあい集会では、雲仙再建に活躍した地元の大町さんを招いて話を聞いた。私も別のシンポジウムの折、髭の市長さんで知られる鐘ヶ江さんの話にびっくりした。十年間に九州から百回も知事や地元代議士に同行願って上京陳情したという。ついこの春は、三宅島の小学生三十人ほどが北海道有珠の噴火現場に招かれて、地元との子供サミットを催したとニュースに出ていた。三宅村議会でも手分けして両噴火被災地を視察したことは前に述べた。

島民連絡会でスタート時からていねいなアドバイスをされている木村拓郎社会安全研究所長は、雲仙噴火から復興までずっと活躍しておられる方だ。今も東京に事務所を構えて三宅島支援には惜しみなく助言されている。ほかに個人レベルでは、両被災地の方々とインターネットでメール交換をしたり、現地見学をした例も数多く耳にしている。

三宅島復興につながる知恵や役立つ情報などは、ぜひ島びと全体で共有してほしいと願っている。受け止める側の島びとも積極的に広い世間に目を向けてと願っている。それが噴火被災地間の市民連携になり、思わぬ成果を生むこともあるのだ。孤立した島暮らしから気持ちが広い世界に窓を開くきっかけにもなる。その方法や役立て方は、島びとそれぞれが工夫すればよい。

修学旅行で中・高校生が地震や戦災などにテーマを絞って歴史や異文化から体験を通して学ぶ時代である。

噴火被災地との連携が実を結んだ例を十五年五月十四日の国会陳情に見る。

「被災者生活再建支援法」改正を求めて十六万人近い署名を添え、衆議院議長に請願書を提出した。超党派の国会議員十数人が立ち会い、同じく四十人近い議員賛同を得ての第一歩だ。これだけ大きな動きができたのも「火山市民ネット」の連携があったからだ。三宅島島民連絡会を支えてくれたのはＮＰＯ法人島原普賢会であり、同じく洞爺にぎわいネットワークの方々である。もちろん、全国の皆様の強力な後押しがあったことは言うまでもない。成果にかかわらず、この先の行方を見守りたい。

この運動は、これからも起こるであろう自然災害の被害者救済に必ず役立っていくと信じている。一人でできぬことも多くの人の力結集で実を結ぶことがある。根気よく努力を続けることの大切さを学んだ事例としてここに紹介した。

第五章　帰島への夢

一　疲労感の中の救い

……「いいことあんか」「ある」……

帰島のめども立たぬなか、避難暮らしが四年にも及ぶ島びとには、心身の疲労が色濃く滲み始めた。

島びとの暮らしを長期に守る法や行政前例はなく、経済的にも精神面でも行き詰ってきた。加えて、島の家屋は火山ガスに侵され、留守の間の劣化で帰島まで持つかどうかが悩みのタネになってきた。遠く離れた島で行き来叶わぬハンディを背負う。

そんな島びとの避難生活の中にも明るいニュースがあり、心和《なご》む話題となっているのが次にあげることがらである。

①　天皇陛下御歌と皇后美智子妃の御来校

十二年末に宮内庁から天皇陛下御歌が発表された。

火山灰　ふかく積もれし　島を離れ

人らこの冬を　いかに過さむ

陛下の温かいお心遣いに島びとはどれほど心強く感じ、気持ちを癒されたことか。また、この発表より少し前の十二月二十日には、皇后美智子妃が秋川学校を訪問され、親と離れて暮らす小学生に親しく声をかけられた。励まされた児童らは気持ちを奮い立たされたと伝え聞く。

両陛下は、さらに十三年七月二十六日、ヘリで三宅島を上空から視察された。また、同年八月二十七日、両陛下は静岡県下田港の避難漁業者二十七人をも見舞われている。八王子「げんき農場」と夢の島「ゆめ農園」を慰問されたことに続いてのことだ。両陛下のやさしい気遣いが島びとの耐える気持ちを力強く支えて下さっているのだ。

なお、十四年正月の歌会始に入選した三宅島出身者の歌も併せて載せる。

噴気たち　泥流島をおほふとも

海青ければ　春の待たるる

詠み人　工藤政尚さん　宮内庁発表

十六年三月二十九日には、前・現三宅村長が皇居に招かれ、天皇・皇后両陛下と懇談されたと伝え聞いておる。

さらに十六年五月二十日に天皇皇后両陛下はお揃いで北区桐ヶ丘団地の三宅島避難者を訪ねられ、「高齢者支援センター」ではパッチワークの作品をご覧になり、激励された。わがことのように身に滲みて嬉しい。

② 甲子園選手入場先導役とサッカー少年

夏の全国高校野球選手権大会は、今年も甲子園球場で幕を開けた。その様子を島びとの会話にしてみた。


「おめえ、甲子園の入場式見たか」

「おー、テレビで見た。先導役は島の子だ」

「神着の津村春快《はるよし》ちゅう者《もん》だ」

「島の歴史に残るな」

「島中の者《もん》の気持ち、明るくしたぞ」

「子供らとの一時帰島止めての参加だちゅうぞ」

「高校野球連盟も、気の効くことしてくれたもんだ」

「ありがてえ話だ。一生忘れねえぞ」

都立三宅高校野球部主将津村春快君が、甲子園の選手入場式で、先導役を務めた晴やかなニュースだ。三宅高校野球部で甲子園の土を踏んだ初の快挙だ。

三十余年も昔、三宅高校軟式野球部が東京代表に勝ち残り、藤井寺球場に出場したことがある。それ以来の嬉しい出来事だ。

島では高校野球に限らず、島外遠征の結果は即日有線放送で島中に伝えられる。それは、小・中・高校の修学旅行から柔剣道大会やママさんバレーまで様々で、ニュースは島中で共有する土地柄であることによる。

今回のニュースは有線放送ではなく、私は新聞で知った。多くの島びとはテレビを見て興奮したという。十四年八月八日のことである。

なお、この夏の東・東京地区戦で、三宅高校は第一回戦を都立葛飾野《かつしかの》高校と戦って敗れた。三宅高校で長らく監督を務める山本政信教諭は、三年生部員五人が卒業したら野球部を維持できるか厳しい判断を迫られて悩むであろうと。かつての職場同僚であっただけに気遣わずにはおられない。

また、同じ立場の二年生以下の野球部員の気持ちも察して余りある。帰島まで勉学と両立させてほしいと活躍を祈っておる。

サッカー少年大友直吉君

甲子園の陰に隠れて大きくは報じられなかったが、私が大切にしたいニュースは十四年十月六日の新聞報道だ。「サッカー流転《るてん》悔なし」の見出しで、おおよそ次のように伝えている。

伊豆大島出身のサッカー少年大友直吉君は大島一中で主将を務め、熱心な指導者のいる三宅高校に入学した。ホームステイしてクラブ活動に打ち込んだ。噴火したのは一年生の夏だった。驚いたがサッカーを続けようとあきる野市に移った三宅高校の寮生活にも耐えた。そこでも不運が見舞った。三年生卒業で部員三人となり、部の存続さえ危ぶまれた。悩んで二年進学時に都立足立《あだち》高校に転校、三年からは主将を務めて頑張った。

十四年十月五日、全国高校サッカー大会で相手校に一対ゼロで破れ、「サッカー人生に悔なし」と語っていたとある。卒業後は調理士の道を歩むという。

判官《ほうがん》びいきと言われようが、ひっそりと苦難に耐えてわが道を歩んだこの少年を私は三宅島いや伊豆諸島の誇りとしたい。

なお、三宅高校でのサッカー指導者は、本宿《もとじゅく》博史《ひろし》教諭と聞いている。夢を育んだ大友少年とともに、励まされた同教諭の苦労にも敬服する。また、その夢を快く引き継いで下さった足立高校関係者にも感謝する。

不思議なもので、私は葛飾野高校の二人の先生の社会人対象の講座を地元で聴き、同校の門前もよく通る。足立高校の方は行ったことはないが地図で探すとすぐ近くだ。世の中、つながりの糸をたどるとおもしろい。

③　パソコンアート

パソコンをいじり、三宅島に興味を持たれる方なら、ホームページの画面に登場する「荏原昭子《えばらあきこ》作品集・三宅島の風景画」をご存知のことと思う。

荏原さんは、避難後にパソコンを習得され、記憶頼りに島の風景を画面に復元して、現在七集約百点ほどを発表されている。

絵描きする人は、目にした風景の細部までを鮮明に記憶しているのかと驚く。その絵は、三宅島を知らぬ人には自然豊かな人情の風景を連想させ、島をふるさとに持つ人には強烈な郷愁を抱かせる。噴火で傷めつけられる前の情景だけに見る人を感動させるのだ。

それもご本人は体がご不自由の身、そして高齢の母上をお世話しながらの製作なのだ。

苦境にくじけず努力され、世間に明るい話題を提供される生き方がすばらしい。
因みにパソコン指導をされたのは、島の若者野田博之さんで、島民連絡会でも活躍中だ。

④ **沖山仙明さんの励まし便り**

避難以来、この方から季節ごとに島の美しい風景と叙情詩風の励まし文を添えた絵はがきが届いて嬉しい。今流行のパソコンはがきだ。最近落手したのはNO46とある。大変な根気と出費だ。手にした人はふるさとへの思いと元気を貰い、避難長期化に耐える気持ちを奮い立たせて感涙する。

差し出し人沖山仙明さんは、阿古の港近くでお店を出され、そのカメラの腕には定評がある。できることで島の復興に力を注ぐ。島では助け合いを「もやい」と呼ぶが、これは見返りを求めない「陰のもやい」である。

このことの値打ちは、第五回島民ふれあい集会でも広く紹介されたことで明らかだ。その折、一緒に紹介されたのが後述する早川道教《みちのり》さんだ。

沖山仙明さんのパソコン指導も野田博之さんである。

⑤ 神着木遣《かみつききや》り太鼓と伊ヶ谷しし舞い

両者は、ともに島の伝統文化であり、保存会をつくって各地での催しに参加活躍している。世の中、不況に加えて暗いニュースが多い。豊かになり遊び暮らせる一方で、競争に破れ夢を失うケースもある。時勢は速く、年ごとに大きな話題へと移っていくなか、三宅島の噴火避難の苦しみは、過去のものになりつつある。

その渦中で三宅島の苦境を忘れないでと必死にイベントでアピールしているのが、神着太鼓と伊ヶ谷しし舞いだ。その懸命な姿には頭が下がる。むろんボランティア活動だ。

両者の由来と内容を簡単に紹介する。

神着木遣り太鼓

島の総鎮守富賀《とが》神社の祭礼は、一年おきに催される。その折の御輿《みこし》は、時計回りに五つの集落を一晩ずつ泊って島を一巡する。五泊六日の盛大な夏祭りだ。神輿の賑わいを盛り上げるのがお伴する太鼓であり、鉦《かね》、笛で、神楽《かぐら》太鼓と呼ばれている。

その歴史は、富賀神社の祭礼とともに遥かにさかのぼると思われるが、定かではない。今の太鼓はたぶん流人とともに江戸時代に伝わったのではないかと推測されている。祭りでは、しし舞いも一緒に行動する。

伊ヶ谷しし舞い：三宅村提供

神着木遣り太鼓：三宅村提供

神着の木遣り太鼓は、練り歩く神輿休憩の時に、太鼓を据えつけて打つ型式の「打ち込み太鼓」である。今は太鼓を挟んで両側から二人が緩急、強弱、音色《ねいろ》を変えながら、手振り身振り、掛け声も加えて勇ましく打ち込む。太鼓を並べて幾組もが合わせ打つ男性的な激しい響きに特徴がある。それは島を取り巻いて流れる黒潮を連想させるものだ。

現在は、祭りを離れ独立した郷土芸能として女性も加わり人気が高い。

一方、伊ヶ谷のしし舞いは、「火伏《ひぶせ》のシシ」と呼ばれることから、やはり江戸の流人が伝えたという説が有力である。

江戸では、明暦三年（一六五七年）の振袖大火、天和二年（一六八二年）の八百屋お七騒ぎと大火事が続き、八代将軍吉宗の頃には町火消し「いろは組」が設けられたり、瓦屋根、土蔵造りが奨励された。火伏のシシ舞いも縁起を担いで盛んであったという。

島では祭りのほか、初午《はつうま》に各戸を巡って賑わい踊り狂う。流人の門付《かどつ》けが起源という説もあってうなずける。噴火の多い島では、鎮火を願う気風から受け入れやすかったとも思われるし、流人の飢えを救う施しにもなったであろう。

舞いはシシ頭《がしら》と胴役の二人一組でおもしろおかしく踊るが、祝儀の額によっては頭だけの一人清めもある。激しく踊った後、疲れて眠り込んだり、目覚めてから毛づくろいをしているそのシシの中から、おかめとひょっとこがおどけて飛び出す意外な場面もあって、実に変化に富み楽しめる筋書きだ。

江戸で生まれたとされるものが噴火避難で里帰りという因縁にも興味が湧く。

太鼓もシシ舞いも、ともに東京都の指定文化財になっている。保存会員の高齢化が文化伝承の悩みになっていたが、避難を機に島を離れていた若者が加わったり、太鼓の魅力に都会の若者が魅せられて一緒に打ち込む姿を見て安堵した。噴火避難にはこのような収穫もあったのだ。

その一例を挙げると、三宅高校卒業生の井口伸一君は都立農芸高校に勤め、そこで木遣り太鼓メンバーを育てた。その成果を学園祭で披露し喝采を浴びた。文化の交流であり、誇らしい話だ。直接教えた卒業生でもあり、教師稼業冥利に尽きる。三宅島の伝承文化保存に貢献しているといえる。

私が見たのは、十四年十一月十日の同校農芸祭の折だった。

ついでに書くが避難の騒ぎのなか、道具類を持ち出された苦労や島の伝統文化を復興支援の催しに役立てるアイデアなど、またそれに協力する保存会の皆様の努力に拍手を送りたい。

⑥　島の文化財無事搬出

人間だけはみな無事避難した三宅島であるが、残された文化財はどうなっているのだろうかと長らく気になっていた。

それが無事搬出に成功と知り安心した。伝えたのは、都教育庁文化課発行の『東京の文化財』84号、十三年八月三十一日発行である。

全島避難の直後から関係者は苦労し、半月後の十二年九月十五日、都および村指定の文化財は嵐の中、無人島から苦労の末搬出された。現在、都美術館の収蔵庫で大切に保管され、島びとともに帰島を待っている。世間には伝えられない地味なニュースだけに嬉しい。

搬出された主な文化財は次のものだ。

木造如来像《にょらい》　一躯《く》　都指定
木造楽面《がくめん》　二面　都指定
古文書（三宅島民政資料）百七点　都指定
御祭《ござい》神社祭具　村指定
阿弥陀如来立像　一躯　村指定
普済院《ふざいいん》銅鉦　一点　村指定

⑦ **花の交流**

神奈川県に避難している三宅島の年寄りと県立中央農業高校生との「花の交流物語」は、ほほえましいニュースとなってたびたびテレビで放送された。詳しい資料を持ち合わせないので、そのおおよそを紹介するに止める。

高校生は、何か力になろうと学校で育てた花に便りを添えて年寄りたちに送り励ました。年寄りは感激して、お礼の便りを出した。それを機にお互い交流の絆《きずな》が生まれた。高校生は、島びとのKさんらから、お返しにと島特産のアシタバ種子を貰い、育てるために八王子の「げんき農場」を訪れ、その栽培法や特性を学んだ。その後、年寄

花の交流（2003年10月1日：県立中央農業高校提供）

りは高校に招かれてお互いの顔を知り、交流はさらに親密の度を深めていくという筋だ。このことは、前に「げんき農場」で一部取り上げている。

これは世代を超えた文化交流の姿であり、実に心温まる人情物語として素直に喜びたい。帰島後も交流が続くことを祈っておる。

⑧　アカコッコ合唱団

十四年春アカコッコ合唱団が誕生した。歌好き美声の主ら約二十人ほどの集まりだ。親睦と励まし、そして三宅島噴火災害が今なお続いているよと懸命にアピールを続けている。島の催しを中心に各地に飛び、ステージでは必ず「ふるさと」の馴染み曲が歌われる。島では、学校行事でしかみられなかったものだけに、避難の地で創造された新しい文化の誕生を心から祝いたい。避難を機に都会の文化が島に持ち帰られて、復興の励みになるよう祈っておる。すばらしい復興みやげだ。

正式名は、「三宅島民合唱団」で通称が「アカコッコ合唱団」のようだ。常時ステージに上るのは十名ほどの女性で、指導のタクトを振られる方にも御礼申し上げたい。

二　おみやげと恩返し
……「そげなこと先の話だ」……

1　避難中の努力
……「毎日テレビか、そりゃだめだ」……

避難暮らしは、私に生涯学習の道を大きく広げてくれた。ありがたいチャンスと喜んでいる。一方では、副題のような暮らしの島びとも見られる。

島では自然観察には大変恵まれているが、生涯学習を求めるとその選択の幅は意外と狭い。教育放送・衛星放送のテレビ・ラジオは時間に縛られるし、文化講演や芸術世界には縁遠い。独習するしかなく、新聞・テレビや自然が教科書代わりだ。読書にも出版目録を取り寄せての注文のわずらわしさが伴い、目指す書籍の入手には早くて一カ月を要する。だから、上京の折、本屋を覗いてメモを頼りに探し、内容を確かめて購入するほどである。

すでに古希を迎えた。勉強というには老いているが、わずかに気力・体力が残っている。何よりもやりたいことが急に湧いてきたのだ。

島でのんびり過ごしていた頃は、無欲であった。落伍人生の後始末さえ片付けておけばと実に気楽なものだった。日本人特有の来世観に託して諦めきっていた。

思いもかけぬ避難上京、それも長期化で環境は一変した。手の届くところにお好みメニューがずらりと並べられたようなものだ。生来の好奇心に目覚めたのか、あれもこれもと欲張ったが過去の失敗の数々を思い、残り寿命と興味の度合で優先順位をつけた。それでも気がつくと駆け足の毎日で息が切れている。

おみやげの生涯学習の様子を一つずつ取り上げる。

①　一つ目は、文化学習会だ。

博物館や地元文化団体の催し中心に参加している。博物館の方から取り上げる。

隅田川の東にある東京の博物館で本格的な機能を持ち活動している例は数少ない。「郷土と天文の博物館」がその代表だ。ほかは両国の「江戸東京博物館」である。私がよく利用するのは、近くて便利な前者で、自転車なら十分の距離にある。

そこでは身近な興味ある講座を次々と開いてくれるので、欠かさず楽しんでいる。資料代一回百円だけで済むのも避難の身には助かる。その内容例を紹介すると、葛飾区内の地名講座連続十回とか、上野の森や両国で催される特別展の解説講座などで、両者とも主催者と連携しているらしく、受講褒美に招待券が貰える。「ポンペイ展」などがその例だ。招待券は休館日を利用しての活用で、混雑もなくじっくり鑑賞でき、メモまでとれるし、事前知識は受講で得ており、見どころもわかって好都合だ。この類いでは、「天神様の美術」「聖徳太子展」「横山大観展」「トルコ三大文明展」「空海と高野山展」などがある。休館日活用とは知恵者に兜《かぶと》を脱ぐ。

受講し展示を見るたびに先祖の残した文化遺産に目を見張り、ショックを受ける。長い余生を持て余し、島で無為に過ごしてきたことを今さら悔いても仕方がない。私の過ごしてきた世界は、文化に限れば高校教科書マスターでおしまい。以後は芸術世界に近づかぬが無難と済ませてきたのだからあきれる。

もう一つの学習拠点は、地元の文化団体に入れてもらっての区施設利用の学習会だ。ウーメンズパルと高齢者福祉センターが会場で、前者はこれまた立派な施設だ。

仲間に入れてもらった団体は次の二つだ。

「みのり会」坂本辰雄会長　会員百四十五人

「わかば会」坂本巖会長　会員百四人

いずれも十六年四月の会員数で、年会費は千五百円。学習会のほか、バスの旅や見学会も多い。

ともに講師を招いて毎月一回催しを開く。勉強といってもテレビドラマと結びついての類いが多く、身近で実におもしろい。

講演題目を挙げると、「利家とまつ」「平家物語の響き」「蒙古襲来絵詞《えことば》」「義経と弁慶」などだ。会員のほとんどが裕福な年金暮らしで、講義に居眠りする人もおらず、質問が多いことでも意欲のほどが分かる。

これらの受講者とは、毎朝のラジオ体操でも顔を合わせるので、心身ともに自己管理できている頼もしい人たちと受け止めている。老後を身の丈に合ったささやかな楽しみで過ごす姿に共感を覚える。地元の人たちとのつながりができて嬉しい。

避難の地でごく自然に人付き合いの輪に加われたことは幸運であり、心強い。ここでは「三宅島噴火避難」の講演もさせていただけたし、「洋ラン育て」の実技講習の声までかかり感激している。下町の人情は、今も生きているようだ。

因みにラジオ体操の会場は、子供の賑やかな声の聞える近さの上千葉砂原公園で、ＳＬ

蒸気機関車が据えられ、子供の乗れるポニーもいて休日には大賑わいだ。

ついでに書くが、その公園と私の団地に隣接しているのが都立農産高校で、昔の職場仲間や後輩・教え子が現役で勤め、農場出入りを許されている。何かと困った時の駆け込み寺のお助けマン的存在でもある。花・野菜畑や温室も覗《のぞ》けるし、ストレス解消の雑談にも行ける。ここの定時制のクラスは、三年続けて秋の学園祭で三宅島をテーマにした催しと募金をしてくれて関わりが深い。今流行の茶髪《ちゃぱつ》高校生に活力を分けてもらい若返る思いだ。

逸《そ》れた話から戻る。

周りの温かい人情に支えられての避難生活であり、学習に感謝々々の日々である。これらで得た体験、人の縁、元気維持が島へのおみやげなのだ。

住めば都、避難長引けば葛飾亀有の地が次のふるさとになるやもしれぬ。映画柴又の寅さんの地も近くで、風来坊寅さんの暮らしに何となく重なり合っていくようだ。仮暮らしも四年続くと日常に受け入れていかねば、心身の緊張はほぐれない。

② おみやげの二番手は、ワープロとパソコンだ。三年前古いワープロを知人から貰った。マニュアルも何もない。いじるのも初めてだ。やみくもにキーを押すと案外と文字が出る。ワードプロセッサーの評判通りだ。

難しかったのは、何々「は」、何々「を」、何々「へ」の日本語独特の助詞用法で、何日もかかってやっとたどり着いた。「パピピュペェ」とか「ナニニュニェ…」や小さい詰った「ッ」などの拗音、促音には手を焼いた。生産中止でマニュアルが入手不能なのだ。試行錯誤の連続だった。大文字、小文字、記号にも手を焼いた。もっとも手こずったのは、間違い訂正である。やたらにいじっては何時間もの苦労が一瞬に消えたこともある。独習では非効率と、つい隣りの都立農産高校にＳＯＳを求めた。

これで格段に進歩したが、ローマ字入力は何とかなっても周辺キィーの活用には手が届かなかった。手書きの数倍の時間を要し、とても実用的とは言えない。操作に気を遣い、下書きを要したり、手書きで迷うことのない漢字が、変換一覧表ではどれだか分からず、辞書を引く羽目になったりでがっかりした。

どうせ苦労するならと、パソコンへの切り替えを思い立った動機がそこにある。

そこで今度は、毎月一回の三宅村主催のパソコン講習会に通い出した。六時間ずつ二日セットのワードとかエクセル中心の講座だ。十数人の受講生に三人の講師がつき、個人指導のようでありがたかった。パソコン購入前は予習のつもりが、翌月出てみるとすっかり忘れて元の初心者に戻っており、がっかりした。

それがパソコン購入を決意させた。最新のノートパソコンにしたら、今度は部厚い数冊のマニュアル本に泣かされた。ワープロとは逆の現象が起きたのだ。そこで方針一転、講習に頼ることにして、マニュアル本は封印した。

パソコン購入の十四年正月をパソコン元年とした。前年秋からの受講は、計七回八十四時間にもなったが、購入前の受講は全く身につかず空しかった。それにしても受講料無料なのはありがたい。また講師の顔ぶれが変わらず、人間関係も築け、習得の欠陥まで指導が受けられてほんとうに助かった。

かくして、花見の頃には資料引き出しやEメールにも役立ち始めた。しかし、練習する時間がとれぬ多忙な日々で進歩は遅々。それを補おうと終日取り組むと、夜寝床で天井がぐるぐる回って眠れぬし、初心者向き一時間契約の通話料金にも仰天した。二十時間料金に切り替えたのは当然だ。

ここでも隣りの高校の若い先生方の助けを借りた。ワープロとパソコンの間を往き来して、今は文書はワープロ、資料引き出し印刷はパソコンと役割も落ちついてきた。パソコンに統一しなさいと勧められているが、老いてからの最新機器の操作習熟は、実に辛いものだ。退職後十数年も遊び暮らしていたのを今さら悔いても仕方がない。年寄りのおもちャ、指先訓練でボケ防止にでも役立てばと気楽に構えている。いずれはデジタルカメラに結びつけたい計画だ。果たして島へのおみやげになるものやらと気懸りだ。

③　三番手は、本の原稿書きだ。

ひょんなことから、人生のまとめにと書いたものが本になり、念願の国会図書館に納まった。島に墓を建てるよりは確実に名が残る。そんな思いの本だった。「三宅島今様流人ぐらし」の題で、島の自然や歴史・文化、人情の交流を綴《つづ》った歳時記風エッセイであり、手紙便りをベースに生まれた。出版直前に噴火騒動に巻き込まれ、その様子を付録につけ加えたことから注目され、長引く避難生活を伝える次の作を書く羽目となった。それがこの原稿で、今その重荷に悪戦苦闘している。多忙の元凶でもある。

勉強せねば恥かく立場に追い込まれて辛い。強いられた学習というのは、実にいやなものである。気力、体力を計りながらで無理はしないが、暇を持て余すようなこともない。対応次第で苦か楽か、幸か不幸か分かれることがようやく悟りかけた老いの心境である。

④　最後に四番手が控えている。

独学でやりくりしていた学校仕事を退いて久しい。まともな論文を書いたことがない。諦めていたチャンスが噴火避難で目の前に現われた。噴火の島にぴったりのテーマが見つかったのだ。昔の恩師にお願いしたら、大学で学べることになった。先々はとても厳しい道程だが夢が開けた。やれるところまで取り組んでみようと欲も出た。学問の歩みにはついていけないが、残り人生でどこまで進めるか試してみることに意味がある。

同級生が家庭を犠牲にし、企業戦士で働いていた頃、私は気楽に過ごしていたとは前にも書いた。その付けが老後の今やってきたと受け止めれば、彼らとの釣り合いもとれる。突然の運命は悪いものではない。生涯学習の世に生まれ合わせ、学問の世界に遊ばせてもらえることに感謝している。

若い研究者から精気をもらい、外国人留学者からは国際化の恩恵も分けてもらえる。結果を期待せず、プロセスを大切にしたい。だから、現実に対して素直に生き、力《りき》まないことにしている。老いとともに始まった生涯学習に万歳を叫びたい気持ちである。

夢膨らむわりに残り人生はわずかだ。何度も書くが、優先順位をつけて取り組まないと幻に終わってしまう。だからこそ力が入るのだろうが、それだけに無理するな、無理するなと一方ではセーブに必死だ。万事うまくは運ばぬ人生と承知はしているが、さて幕引きの結果はどうなるであろうか。

ここまでは、私の帰島おみやげである。私の接する島びとには、次のようにおみやげを望んで期待話をしている。

島の将来の主力産業には、エコツアリズムを取り入れた観光が計画されている。その観光客の中心は、都会の人たちである。

避難長期化で都会の人の生き方や考え方、便利な暮らしの工夫、技術や文化への接し方、国際化への対応をよく観察し、理解してほしいと。それが帰島への何よりのおみやげであり、復興の大きな役立ちになるはずだからとも。

島びと個々によって得るものは様々であろう。それが生かされる時、新しい三宅島の復興が始まり、様変わりした自然に対応した島びとの日常が歩み出すと期待している。

ほんのわずかな収穫でよい。島びと全員がおみやげを手に帰島してと願っている。復興に励む姿とその成果が支援して下さった全国の皆さんへの恩返しであると私は考える。

2　自然災害住宅再建共済制度の提唱

……「誰《だ》が考える」

「さーな」

日本では毎年のようにどこかで自然災害が起き、住居を失う不運な人が出る。その原因も台風・大雨洪水・噴火・地震・津波・崖崩れ・大雪など様々である。その後片付けをして家を建て直すのは容易ではない。まず費用に困る。若くても年老いていても、また都会であれ田舎であれ、大変なことに変わりはない。

近頃、対応する保険も現われた。地震保険だ。昔からあったのかもしれないが、縁がなく知らなかった。たぶん保険料は高いと思う。まさか自分がそのような被害に遭うとは思わないから、入る人は少ないだろう。そこで保険料が高いと想像するのだ。

一般に多くの人が入っているのは、生命保険に車保険ぐらいだろう。長寿実現の昨今は疾病対策も加味されている。都会では建物密集で火災保険に入る人も多い。その火災保険が阪神淡路大震災の折、類焼では適用されぬと知り、なんと不条理な仕組みかと憤慨したものだ。

話を戻して、今回の三宅島噴火では住居を失った人が多い。全半壊合計七十戸ほどだ。島中の家が火山灰と火山ガス・酸性雨で屋根を傷めているが、災害続行中で保険加入者宅でも仮払いの一時金のみだ。保険未加入者宅にはどこからも修復費用は出ない。そして、火山ガス噴出は今なお続き、帰島できないため、留守家屋の被害はこの先さらに進むと予想される。外からは火山ガスと酸性雨に侵され、内からは島特有の湿気による腐食やシロアリ・ネズミに荒らされては、やがて戻るべき住居を失う。これでは帰島・復興の夢など高嶺の花だ。

そこで思いついたのが、「自然災害住宅再建共済制度」だ。

ヒントは、「市町村民交通災害共済制度」だ。年間五百円と千円の二種の掛け捨て金で、交通事故に遭えば、最高三百万円貰える年度限りのあれだ。全国の市町村単位で多くの人が加入している。

私はこの交通災害共済や生命保険に入っているし、家の方は農協版災害保険「建物更生共済」という自然災害に対応する保険にも加入している。しかし、約款《やっかん》など読んだことはないし、中身も知らない。手続き事務は役場や農協など相手任せだ。

また話は戻るが、先の阪神淡路大震災の後、平成十年に「被災者生活再建支援法」が成立した。自然災害で無一物になった人を一時的に助ける目的で、一世帯百万円が支給される。だが現物支給で制約が多く使いづらい上、生活を再建するにはあまりにも少ない額と先に書いた。

ともあれありがたい制度と感謝してはいるものの、改めて法の効用と限界を知り、法治国家とはこんなものかと思い知らされている。

それにしても、島びとは阪神の地震被害者に助けられたのだ。法適用第一号となった。今度はお返しする番だ。

法に疎い私だ。まずは三宅島支援にお力添えいただいている全国青年司法書士協議会の方に相談してみた。

法律案作りはたやすいが、賛同者を広めるのは難しいとの返事だった。誉められたのはアイデアだけだった。そこで今度は別の司法経験者に話を聞いた。対象の範囲が狭く、自宅持ちばかりではないよ。借家、公営住宅入居者もいるし、借地に建てた家や共同住宅もあり地主も絡むよ。要は対象範囲が複雑で限られ、加入希望も当然に少ない。制度として成り立つかどうか。それに普及には大変な苦労と時間が必要だ、という。全国に呼びかける仕事、運営事務と採算性、最後は国会で法律に仕上げねばならない。行政の仕事かもしれない。

世間知らずに恥入った。でも、こんな制度があれば、必ず救われる人も生じる。「蟷螂《とうろう》の斧《おの》」とはこのことかと苦笑した。

三宅島は小さい。人も少ない。日本中に賛同者を募る力もない。それでも誕生させたい制度である。世間の知恵者の力を借りたいものだ。

「誰《だ》が、そげなことでける」

「うーん」

「でけんことはよせ」

「そか」

「バカ、あきらめろ、てめえのこと考えろ」

「でもなあー」

「まだ言ってら、このカッタイボ《分からずや》」


そんな折、十五年一月八日の新聞報道で参考になる記事を読み心強い思いをした。その記事によると、私の考えていたことはすでに世の中の動きになっていたのだ。

阪神淡路大震災以後、相次ぐ自然災害をきっかけに被災者の住宅再建を支援する法律制定を求める動きが活発化していた。

しかし、私財への税金投入に行政の壁は厚いという。相沢英之前代議士は公費負担案を、また、福崎博孝弁護士は共済制度案を提唱されている。それぞれの案に一長一短あり、公費投入には行政の壁、共済案には事務量の難問が待ち構えているという。いずれも賛同者を広く求める必要から、国と地方自治体の協力は欠かせないようだ。

それでも兵庫県では、あの大地震の教訓から共済方式を軸に県独自の被災者住宅再建支援を条例化するという。記事は二〜三年後の実現を目指して検討を始めると伝えている。嬉しい。エールを送りたいし、努力の過程を見守りたい。参考にもしたい。

平成十三年の鳥取県西部地震では、被害家屋の戸数も少なく、過疎を防ぐ意味もあってか、県単独で再建家屋に一戸三百万円を補助する事業を行っている。片山善博県知事の見事な采配だ。

あれやこれや考え併せると、私個人の妄想と片づけて欲しくはない。知恵者の力を借りながら資料を集め、実現への道を探りたい。

三　災害で得た教訓

……「日本中に伝えてーな」……

近年の三宅島は、約二十年おきに噴火を繰り返してきた歴史を持つ活火山の島である。昭和六十二年の伊豆大島の大噴火後には、次の噴火に備えて三宅島で大規模な噴火避難訓練が行われた。平成六年にはハザードマップと呼ばれる噴火災害予想図も各戸に配られた。

そんな火山島に暮らしていても、日常噴火を意識することはないし、実際の場面では改めて思い知らされたことが実に多い。参考になればと、思いつくままに挙げておく。備えあれば傷も軽くて済むだろうの類いだ。

① **自分の身を守るのは、自分だ。**

噴火や地震、大火事では、何よりまず自分を助けることが大切だ。安全第一に逃げるを鉄則としたい。そのためにも災害時のことを常日頃から家族で話し合っておくとよい。

即断が求められ、自力脱出せねばならぬことがある。

次は、家族で助け合うことになる。幼児、年寄り、病人を連れ出す手順を決めておくことだ。素早く駆けつけてくれる近所の人、警察官、消防団、ボランティアの人たちに遠慮なく頼ろう。行政の助けを待っていると、取り残されるケースが出る。災害のたびにヘリで救出される場面をテレビで見るが、身ひとつで持ち物など論外だ。

② 家族の安否

家族が一緒の時はよい。多くは不意打ちだ。はぐれた時に家族が落ち合う先、連絡場所を決めておくと安心だ。確実な連絡先をあらかじめ数カ所用意しておくと、迷わずに済む。幼児や年寄りには、頑丈な迷子札を常に肌身につける習慣をつけさせるというのはどうであろうか。

③ 非常用持ち出し袋

役立つかどうかは別に、各自一個ずつ用意し、目立つ場所に掛けておくとよい。両手が使えるようにリュック型がおすすめだ。できれば、夏冬用と分け、名札もつけておく。今回私は真夏の避難に冬用袋を持ち出す失敗をした。非常時には、あわてる前提で動こう。袋の中身は、下着類、ペットボトルの水、非常食、懐中電灯、ライター、軍手、ビニール雨コート、家族名簿、筆記具、宛て先記入のはがき、それに現金をお札で。非常袋は邪魔にならぬ吊り方式で、取り出し便利な場所を工夫する。タオルや女性用品も欠かせない。

④　**貴重品確保は、親の義務**

大事なものは、コピーして両親双方が持ち、どちらか一方でも持ち出せるとよい。例えば身分証明書、車免許証、学生証、住民票、健康保険証、預貯金通帳、家や土地の登記書、住所録、家族の血液型や写真など。

コピーでは、実際に使えないが、万一の折の手がかりとして役立つ。雨に濡れぬよう、また盗まれぬ配慮も欲しい。

⑤　**病人は薬や薬手帳を。**

薬や薬手帳はすぐ役立つ。かかりつけの病院名や所在地、電話番号、主治医名をメモしておく。病歴や健康診断結果が用意できるともっとよい。医療・介護保険証も忘れずに。

⑥　**現金と実印**

被災直後から必要となるのが現金だ。キャッシュカードやテレホンカードなども役立つ。実印は確実に持ち出すように。隠し場所は慎重に。

⑦　**ハザードマップを役立てよう。**

災害の種類によっては対応も異なってくる。洪水や火事では、逃げ方が命に関わる。

⑧ 災害時を想定した訓練を。

交通、電気、電話、水道、ガスが止まるとどうなるかを家族で試してみるとよい。サバイバル体験を味わっておくとおもしろい。

⑨ 災害現場は、情報なし

情報入手が極端に不足し、混乱に拍車がかかる。携帯ラジオは欲しい。今主流の携帯電話は便利だが、大地震では中継できなくなる可能性がある。電波中継塔が壊れたらおしまいだし、電話回線の切断もある。

⑩ ペット飼育者の決断

災害時には、非情の決断が求められる。その用意は、日頃から心構えに加えておこう。ペットは人間収容の施設に入れないからだ。

⑪ 便利なものほど非常時には役立たぬ。

電気のない暮らしの体験をおすすめする。道が使えず車が動かぬと、どうなるだろうか。水が止まり、トイレが使えぬと深刻だ。飲料水はなお深刻だ。食料は工夫次第となる。

地下鉄やビルの暗闇を想像してみよう、などなど。心配したら都会では暮らせない。でも、一度見直しておく値打ちはあると思う。

大地震では、都会の古いビルはガラスの雨を降らせる可能性がある。木造家屋は二階の方が安全なケースもある。大火事では、風向き確認が生死を分ける。

⑫　災害の後始末には、何年もかかる覚悟を。

⑬　自然災害での個人資産の補償はない。

生活基盤の復旧には、法の定めで大きな予算がつき、すぐに整備は始まるが、個人資産については、保険加入以外に対応の道はない。

⑭　災害常襲地では、危険と共生の覚悟が必要。

土地の歴史を学んでおくことが生活条件だ。三宅島の噴火では、仕事と家を一挙に失った。日常社会が突然消えた例だ。しかも、海を隔てて渡れない。避難先は分散し、相談も助け合いもままならず、デフレ不況のなか、帰島の当てもなく、不運というしかない。

「芸は身を助ける」という。非常時に役立つかは分からないが、個性や趣味を育てておくのも心のゆとりを生む備えの一つであろう。

過去に災害を受けた地では、そのことを記録し、子孫に語り伝えてほしい。個人では三代伝えるのがやっとで続かない。地域の課題として、学校教育、社会教育で継続的に繰り返し、体験や訓練を交えて取り上げてほしい。記録文献、映像記録などは公的図書館中心に保管し、一般公開の仕組みを行政の立場から整備し、普及するよう願っている。

広島・長崎の原爆語り伝えは、今も続いている。沖縄の人たちの基地の悩みは深刻なまだ。戦後半世紀を経ても、なお解決には至っておらぬ。近隣諸国に残した傷跡も同様だ。政治や外交は、民主主義を国是とする日本に存在するのだろうかと疑うほどだ。経済のみ繁栄するのでは、エコノミックマニアルと蔑《さげす》まれても仕方がないと思う。

雲仙普賢岳の噴火、伊豆大島の噴火から時を経て、北海道有珠山や三宅島と自然災害の噴火は続いている。自然現象は、予知できないし防げない。でも、せめてその後始末と復興の教訓だけは生かしたい。より効果的な再生の仕組みを確立してほしいと政治や行政に望みたいし、被害を受けた人たちは声を大きく世間に訴え続けるのが責務と考える。

私は外地で敗戦に遭い、引き揚げの苦労を味わっている。当時少年であったし、日本中が悲惨な境遇にあったので、耐えられた。今は違う。周りが豊かな社会であれば、なおさらだ。わが身に及んで初めて沖縄の人たちの半世紀を超える基地の苦悩を共感できるようになった。イラクの戦争で苦しむ人たちや上野で見るホームレスの人たちの心情にも、やっと思い及ぶようになった。

島で優雅に今様流人を気どり、暮らしていたことが恥かしい。ここまでくると生き方そのものまでが問われてくる。穴があれば入りたいとは、このことか。

四　帰島願望

……「早く帰りてーな」「だーからよ」……

島びとのふるさとへの思いは強烈だ。そのことを象徴するようなテレビ放映があったので、そのあらましを紹介する。

それは、十四年十月三日、NHK総合テレビ全国版の夜九時十五分からの番組で四十五分間放映された。題名は、「残されたことば」である。

それを見た縁《ゆかり》のある方は、皆涙したと思うし、多くの視聴者にも感銘を与えたすばらしい内容だった。放映されたうち三例を紹介する。実名放映であり、ご本人やご遺族の承諾も得ているので、ここでも実名で登場願った。

① **故寺本東一郎さん**

「亡くなったら、骨灰《こっぱい》は避難先の団地を流れる川に流して」と。「その川は海に流れ、やがて三宅島にたどり着くから」とも遺言された由。島で生まれ育った人らしい発想である。

このテレビ放映を見ておらねば、島びとの消息などお互いに全く分からぬ分散避難の現状なのである。

亡くなられたのは、隣り集落の方で年齢は聞き洩らしたが九十歳前後と思う。私の親しくする寺本ミイおばさんの義弟で、そのミイおばさんは、今都内の老人ホームに入っておられる。八十九歳の高齢を慮《おもんぱか》って、このご不幸を身内の方は遠慮で伝えられたかどうかは分からない。ミイおばさんを故東一郎さんと車で診療所まで運んだことがある。島の老人ホームに入る前の話だ。小柄のミイおばさんのなんと重たかったことか。「三五kgもない病人でも、気遣ってそうーっと動かすから、倍にも三倍にも重くなるんだよ」と、故東一郎さんが腰を伸ばしながら話されたのを思い出す。

島のお墓に眠る万一郎さんは、ミイおばさんのご主人で、故東一郎さんの兄に当たり、九十二歳の長寿を全うされた。昭和天皇・皇后両陛下がご来島の折、この万一郎さんが元海軍下士官の軍服姿に挙手の礼で出迎えられた逸話は、語り草になっている。それは二十年余も昔のことである。

その万一郎さんと東一郎さん兄弟が島のお墓で一緒になれるのは、いつのことだろう。

兄弟で一郎名を名乗った由来は、ついぞ聞きそびれて今に至る。ホーム入所のミイおばさんに聞くのは辛い。合掌。

② 菊地ナミさん　八十五歳

亡くなられたのは、この方の長女ハル子さんだ。十四年七月没。享年五十九歳。一緒に避難された菊地ナミさんには、老いの杖であったろうにと胸が痛む。前年には次女の方も失っていたと初めて知った。慈しみ育まれた娘さん二人に相次いで先立たれ、悲嘆に暮れるナミおばさんの立場に涙せずにはおれない。

テレビに映るナミおばさんは、娘故ハル子さんのかわいがっていたインコを頭に乗せて、明るく振舞っておられたが、年老いた親を残して早世された娘さんの無念ともども慰めのことばもない。

ハル子さんが亡くなる少し前の春、多摩ニュータウンの避難先にナミおばさんの親戚を訪ねた折、ハル子さんの手料理をいただいたばかりだったので、一入《ひとしお》感慨深く身に滲みる。

ハル子さんの冥福を祈りながら、菊地ナミさんの歌を紹介する。

「なさけ」

一、リュックを背負い

杖ついて
みんなで買い出し
医者通い
シルバーバスの
運転手さん
三宅の方かね
「ガンバッテ」
このあたたかな
ひとことが
なさけ嬉しく
身にしみる
走り行くバスに
ありがとう

二、略

三、いつ帰れるか

わからない
三宅は、だんだん
遠くなる
せめて命のある
うちに
帰ってみたい
ふるさとへ
御神火《おかみび》に負けぬと
心に誓っても
なぜか、とまらぬ
我《わが》なみだ

（三宅・多摩だより「アカコッコ」31号　十四年二月十日発行より引用）

③　早川道教《みちのり》さんの努力

この方は、山向こうの神着の暮らしで、奥さんの顔は存じていたが話す機会はなかった。

早川道教さんも亡くなられた母上も、むろん存じ上げない。

早川さんは半身ご不自由で、奥さんの献身的な支えによって避難生活に耐えておられる。杖を突いてのリハビリ生活を励まそうと、奥さんが一時帰島の折、昔早川さんが腕を磨いておられた書道用具一式と、亡くなられた母上が闘病中の息子早川さんへの見舞い便りを探し出して避難先に持ち帰った。

その手紙の中の「執念の尊さ」の文字に早川さんが親の気持ちを感じとったのか、左手で筆を持ち手習い始めてついに墨書でそのことばを縦にも横にも大書するまでになった一部始終を伝えている感動のテレビ放映であった。「執念の尊さ」を地で行く努力の姿は、見る人を共感させるドラマであり、現実の話なのだ。

避難丸二年で亡くなった島びとの数は、八十人とテレビは報じていた。ふるさとのお墓にも入れず、故人も遺族もどんなにか悲しく辛い思いであろう。テレビで取り上げた方々と事情は異なっても寂しい思いに変わりはないはずだ。

生まれ地を中国の大連、引き揚げて過ごした青春は北陸加賀の田舎、終《つい》の住処《すみか》は三宅島とふるさとをいくつも持つ私でさえ、それぞれの地への望郷の念は強い。生まれ育った地で生涯を終えると思い定めていた島びとは、思いもかけぬ自然の成り行きに困惑し、途方に暮れているのは当然だ。年寄りは、いずれわが身に及ぶかと溜息をつくばかりである。

人生には予想外のドラマ展開があるからおもしろいのだとうそぶいていた私だが、老いてからではやはり辛い。

だが今は平和な日本だ。噴火災害で悲劇が起こるのではやりきれない。避難が長引くほどに悲しみも増え、幾度も書くが、いずれわが身にも及ぶと思うとなんとも無気味で怖い。さすがのんきな今様流人も考え込んでしまう。

望郷とは何だろう。馴れ親しんだ過去への愛着だろうか。気持ちだけなら切り替えれば済む。そこに習性や人生の歴史が絡むと厄介だ。老いてからの環境適応は難しく愚痴になる。ふるさとは生まれ育った環境か、そこで暮らした思い出か、人との絡まる縁か、追求するほどに空しくなる。

生まれ故郷に執着するのは世の常で、世界中が古い頃からそのように慣っている。ところが私は生まれた時から放浪性の運命にもてあそばれてきた。暮らし慣れて愛着を持った場所がふるさとに化けたので、今の地が長くなり親しみが湧けば新しいふるさと誕生になるやもしれぬ。引越し回数は、既に二十五回を数える。

願わくは、力尽きて終わる時だけでも穏やかでありたいものだ。心通う人に囲まれての晩年が望ましい。望郷の意味や解釈などはどうでもよい。時の移ろいに身を任すのんびりした島暮らしに戻りたいのが、どうやら本音のようである。

避難して散りじりに暮らす島びとも思いは同じであろうと推察する。その思いをテレビ放映の三家族の方に代表していただいた次第である。

五　喜びと不安の帰島表明（追記）

……「嬉しさと不安半々だな」「だーからよ。心配《しんぺい》が先立つな」……

十六年七月二十日、平野祐康村長は石原都知事と会談、続いて井上防災担当大臣とも会った上で、十七年二月に避難指示解除の予定を発表した。

島びとが待ちに待った帰島への道筋をつけたこの発表は突然であった。マスコミはこの日夕刻のニュースで大きく取り上げた。

島びとが大歓声をあげると思いきや、喜び以上の悩みを抱え込む意外な展開となってしまったのは皮肉な話だ。それは四年間当てもなく待ったのに素直に喜べない現実があったからだ。

平野村長は、十六年二月の繰り上げ村長選で年内帰島を公約に掲げて当選した。島びとに夢を与えてくれた功績者だ。その後は精力的に帰島の流れをつくって島びとを励ましてきた。その成果がこの表明につながったのだ。しかし、四年の避難生活は例を見ないほど長いものであった。この間、激しく動く世の中同様に島びとの生活にも大きな変化が生まれていたのだ。

その現実とは、

①　火山ガス終息のめどは立たず、噴出規模は避難当初の1／5に減ってはいるが、暮らしに危険な状況に変わりはない。風向き次第でリスク覚悟の共生なら可能。（藤井敏嗣予知連会長、内山巖雄安全対策専門家会議座長、石原慎太郎都知事の各談話）

②　島には火山ガス危険のため立ち入り禁止地帯が設けられ、住居を失う島びとの悩みや火山ガス避難に適応できるか心配な病弱者や高齢者もおり、帰島には自己責任で判断が求められていること。

③　避難中に荒れた住宅や農地を元に戻す苦労や火山ガスの中での生活再建の仕事収入の道が確保されるかの懸念は島の主要産業観光や農漁業で強い。

④　病気、要介護高齢者を抱えた家庭、子供の教育や定職に就いており戻れない事情の島びとが約三割もいて、十分な配慮が説明されていない。

避難の四年間を苦しんだ上に帰島判断でさらに新な悩みを抱え込んでしまったのだ。ふるさとを諦めるか、家族分断の生活に踏みきるか、火山ガスや仕事収入の困難覚悟で帰島するか、避難生活が現実に溶け込んでいる今、深刻な判断が自己責任のことばとともに島びとを悩み深い闇へと突き落としている。

村長は帰島までに火山ガス安全策は整えるであろう。でも生活の保証まではとても口にできることではない。都知事もインフラ整備はでき支援も約束したが、火山ガス共生の帰島判断は島びとの自己責任でと強調する。国の法や行政は、個人生活や資産保護には立ち入らぬ原則を貫いている。島びとの不安や心配が募るのは当然である。

老いても貧しくても帰島には百万円単位の出費がどの家庭にも予想されている。帰島希望者には、年寄りと生活弱者が多いと思われるし、頼りとする若者は仕事の当てのない帰島には慎重だ。しかも離島で交通、医療、介護、教育などは昔から続く泣きどころだ。火山ガスの中での復興は、新規開拓以上の困難を伴うであろう。

不安・心配の悲観論を強調しても先は暗くなるばかりだ。私は次のことで復興の夢に期待したい。

(イ) 島全体が生きた地球の姿を日常体験できる自然博物館である。火山ガスとさえ上手に対処できれば、世界に例を見ない国立公園の火山資源が観光に役立つはずだ。悩みを逆《さか》手《て》に生活する知恵を絞ろう。専門家や世の助けを請おう。

(ロ)　次は離島の長い歴史が育んだ固有の文化を誇りにして島の地域性に個性を発揮しよう。これも生活のタネになるはずだ。自給自足の暮らし、たび重なる噴火から生まれた焼き畑、切り替え畑農法や貯水井戸、地域ごとの島ことばや風習の違いも伝承文化だ。保存食のくさやもイモ文化もある。南方系の暖帯特有の暮らしそのものが均一化した都会文明人には珍しい。アシタバは健康食ブームに役立てられる。アカコッコ、ガクアジサイの固有動植物も貴重だ。満天の星空や水平線の広がる太平洋には黒潮の流れがあり、カツオ、マグロと回遊魚も豊富だし、イルカも棲む。噴火鎮めの火の神信仰もある。火山とともに生きてきた自然の中の島びとの姿が都会人の気持ちをくすぐると思う。流人の長い歴史もある。

噴火避難を機に生まれ変わった三宅島復興に励む姿を見てもらうことが支援を受けた世間への恩返しと思う。島びとの自助努力と世間の助けを借りて、子・孫の代までかかっても頑張りたい。これは島びと誰もの思いでもある。

全島避難から四年。仮暮らしに耐えられたのも国や都の行政支援と全国の皆さんの温かい励ましのおかげである。帰島の目安を得た今、改めて感謝している。

重ねて強調し、さらなるご支援をお願いしたい。

それは、避難生活に適応できなかった島びとの多くが自然環境激変の島に戻りたいと切望し、暮らしていけるかどうかと思い悩んでいる現実。離れ島で火山ガスの条件下の自己責任を求められての老齢化ハンディを背負っての復興が果たせるかという不安。しかも、避難暮らし四年で根を下ろした若者の多くが戻らず、村役場財政の基盤が弱く、国や都の支援は法のしばりや不況で限られている。島びとの知恵や努力だけで果たしてやっていけるか疑問は残る。戻らぬ島びとの中には病気や介護を受ける立場の場合もあり、その弱者にまで自己責任を求めるのは、あまりに酷《むご》い。

帰島できぬ島びとも含め、今後の心配不安を取り除く島びとと行政の話し合いはさらに重要性を増してきた。避難解除予定の期日は、十七年二月と迫っている。短いが時間はある。努力の積み重ねで、帰島希望の二千人、残留希望の千人それぞれが今後の人生に少しでも満足できるよう望んでいる。

島面積の四十五%が火山ガス危険区域として、条例で立ち入り規制が発表される雲行きである。お腕を伏せたような形の島の中腹以上は、立木がことごとく枯れ、厚い火山灰と礫《れき》に覆われ、台風大雨の度に泥流禍を起こしている。砂防ダムで防いでいるとはいえ、一度の大雨で満杯になる小さなダムの土砂を次の台風までに運び出すには、五十一ヶ所のダム数はあまりに多い。小さな島にそれだけの土木力を常備するゆとりがあるだろうか。不安だ。

帰島するとなれば、自給自足の離島生活に戻る可能性が予想される中、各地域でどんな野菜、くだものが栽培可能なのか、屋敷を囲む風防《よ》けの木にも被害が目立つ。それらを木目細かく各地域で一年を通じての実験をし、結果を公表してもらいたい。農業用水を天水（雨水）に頼る場合も多く、このテストも各地域で必要だ。いずれも火山ガス（SO_2）、酸性雨、降灰による畑土の変化に対応する資料が望まれる。都農業試験場、都林業試験場や地元測候所の出番であろう。漁業についても都水産試験場の指導を仰ぎたい。

農業・漁業・林業で暮らす火山島らしい特産化が復興の鍵で、出荷市場への復帰や避難中、縁が切れた観光民宿業も含め、市場の需要変化、お客の嗜好移り、スキューバダイビング市場など、先々を見越した商工会、観光協会の活躍を期待する。都産業技術研究所では、降灰や礫、前回までの噴火溶岩で新分野の活用技術を開発中とか。嬉しい話だ。

不安・心配は、医療・介護・教育・交通・年金にまで広がる。それはこの長い避難が因で帰島適わぬ島びとにまで重なるためだ。避難解除で帰らないのではなく、帰れない事情を様々に抱えているためだ。政治には優しさを、行政には法の前例にとらわれぬ弾力的な解釈を求めたい。

ここまで強調するのは、制度改善や知恵・労働力・資金・技術を公的支援だけに求める一方には限界があるのを承知だからで、やはり、中心は島びとの意識改革であり、工夫・努力の根気よい粘りが求められていると思ったためだ。

「孫子の代までも」ということばがある。復興には経験を生かした向上力、改善力が求められ、それらは年寄りだからこそできることでもあるのだ。急いでも人間寿命には限りがある。

日本の活動火山は、百八山ある。三宅島は火山活動の続く特に要注意のA級十三山に入ると前に述べた。地球の動きに合わせて、のんびりでも手や頭を休めずに復興へと歩もう。それが私の願いでもあり、島びとへのお願いでもある。

このような厳しい環境の中だけに支援を国や都にもお願いしたいし、世間にもお力添えいただきたい。

危険な三宅島に受け入れ体制不十分なままボランティアをお願いするのは心苦しいが、あえてお願い申し上げる次第である。

心配不安はまだまだある。

火山活動は収まっていないのだ。火山ガスは依然と噴き出し、日により風向きによって昼夜を定めず人里に襲いかかってくる。二時間おきに有線放送の警報があるといっても、夜では安眠できないし、足腰不自由な年寄りや病人では避難所まで逃げきれない。運よく人間は避難できても畑作は動けない。

自然環境の変化に応じた新しいハザードマップも必要だ。

飛行場も役場も冬場頼りとする三池港も立ち入り禁止区域にあって、機能しないだろう。呼吸器専門医は確保できたのか。緊急ヘリは臨時ヘリポートで大丈夫なのだろうか。三宅島火山活動の先行きの研究は進んでいるのか。

次は仕事収入の心配だ。年間五十億円余の村予算のほとんどは補助金・交付金で流用はできない。村長の使える予算は一億六千万円とこの秋九月十八日の都庁会場での住民説明会で村長自身の口から発表され、心細くなった。三％自治だ。村予算の多くが国や都事業で、当面公共事業依存の生活となるらしいが年寄りには不向きだ。仕事が限られると村財政も厳しい。本土なら有効な町村合併の手法も、お互い遠く離れた島同志では効果はうすい。また、そんな話もない。

帰島ですぐ始まる家直しや自動車などの出費も頭痛のタネだし、住宅ローンや利子暫定免除の支援も消える。村財政破綻は何としても避けたい。

別組織の老人ホームなどの再開はあるか。

帰島できぬ島びとが多いが、切り捨てる非情な扱いだけは避けて欲しい。噴火避難が原因で、暮らす場所が異なっただけなのだ。災害被災者に変わりはない。

それにしても、三宅島再興のために止むを得ぬ厳しい避難解除に踏み切ろうとしているのだ。法的には通じても「以後一切自己責任で」は、あまりにひどい。もう少し優しい扱いと励ましのことばが欲しい。年寄りでも生ある限り意欲が湧くような社会での帰島を強く望んでいる。

あとがき

島暮らしは、自然との共存であり、島びととの交流で生まれる人情・文化との触れ合いでもある。

日ごろ穏やかで優しい自然も、台風や冬の季節風では厳しい姿を見せる。時には、今回の噴火のような荒々しさで、島びとを慌《あわ》てさせる。

自然との共存を望むなら、噴火繰り返しの歴史からその危険性は承知のはずであった。ところがその学習体験は深く身につかず、子孫へとは引き継がれていなかった。今回の噴火避難でそれがはっきりした。

私自身も三十数年の島暮らしだが、前回は東京に出ていて噴火を直接には知らない。でも、その跡は見ているし、話も身近に聞き、関連書も読んでいる。「賢者は歴史に学び、愚者は体験して知る」の類い以下で情けない。

避難した都会でそのことに気づいた私は、早速新しい生き方を探った。都会での流人暮らしがそれだった。

落伍人生一筋の私には競争社会は苦手だ。一方、身についた島流人暮らしを変えるのも難しい。避難が続く限り、苦手も嫌いもない。そこで適当に折り合いをつけた。それが巨大な都会の渦の中での島流人暮らしの延長であった。個性に徹し、利便や安易な仕組み、流行に惑わされず、身の丈に合った生き方を守り通すことだった。この覚悟ができ、建前を貫けば何とかなるだろうとスタートした。本物流人ではないから今様流人と称している。

そこから生まれた具体的な暮らしが次のことであった。

(イ) 噴火と続く避難暮らしの記録

幸い私には日記をつける習慣がある。興味ある新聞記事の切り抜きも続いている。そこに火山活動と避難の日常を重ねればよい。知人の助けで各紙の切り抜きも加わり、公的機関の発表も資料になる。テレビニュースや島びとの集まりでの話題も丹念に記録した。

(ロ) 避難地への溶け込み

暮らしの環境一変で、早く都会の雰囲気に馴染み、自分なりのゆとりを見つけたい。特に健康管理と事故には注意して、病気とけがは避けたい。周りとのコミュニケーションを図り孤独に陥らぬことだ。それが避難長期化対策だった。

(ハ) 生涯学習のチャンス

避難長期化でも苦にせず、島では得がたい生涯学習のチャンスと受け止める。島で満喫していた自然を失った分、都会には学問、文化、技術、国際交流のうねりがある。それらの中から好みのもの、吸収可能なものを老後の暮らし豊かにと受け入れる。

(二) 島への恩返し

人生の半分を過ごした島への恩義は返したい。自身の人生のまとめにもなり、天災と後始末の現実を広く世に訴えることが形となって残せたら幸いだ。それが本書にまとまった三宅島噴火避難四年の記録であり、中間報告でもある。

噴火は突然に起き、経験予測よりも早くてみな慌てた。その激しさが全島避難となり、丸四年が過ぎた。今、島の火山活動は鎮静化に向かっているが火山ガス噴出で終息のめどはない。

夢しぼむ当てのない暮らしは残酷だ。私は独り身の年寄りで、余生は年金で暮らせる道もあり気楽だ。それでも老いてからでは厳しい。島びとはふるさとへの思いが強烈な分、悩み苦しむ姿は尋常ではない。島から切り離されての四年は長い。帰島どころか、わが家の手入れすら十分にできず朽ち果てていくのを見守るのは悲しい。このままでは戻るべきわが家を失う可能性さえある。そのことを島びとは、もっと声を大きく叫んで世に訴えてもよいのではないか。行政は、法の枠にも情を絡ませてほしい。政治に優しさが求められる。

その島びとに私は強く望む。現実を見据えて避難暮らしと帰島復興の道を探ってほしいと。そして島びとが置かれた苦しい立場を、行政も世間も過去のことと忘れずに優しく支援していただきたい。噴火は天災でも、その後のいつ終わるとも知れぬ避難への手当ては人災と化している。

今、島びとは早期の帰島を望んでいる。火山ガスとの共生の危険度は高く、身を守る備えは何ひとつ整備されていない。その対応がまず行政と島びとの取り組む課題だろう。次は厳しい環境の中で生活していける経済的な具体策に知恵を絞らねばならない。復興に観光立島を唱えるからには、実現の具体的道筋も求められる。

ふるさとへの思いから、避難長期化の苦しさに負けて、感情だけで帰島を急ぐのはよくない。帰島後の復興には開拓に等しい困難が予想される。また、災害の後始末には長い年月を要している過去の事例を教訓としたい。

国や都に働きかけて財政支援の道も探ろう。そのための陳情署名活動もしているのだ。特別立法も根気よく求めていこう。あまりにも多いいばら道だが一つずつ障害を越えるしかない。自助努力で足りない分は、ボランティアの助けも借りよう。専門家やマスコミにもお願いしよう。理を尽くして世に訴えれば、支援して下さる道がきっと見つかると信じよう。

重ねて書くが、情に駆られてだけの帰島では、この大災害の後始末は個人の解決に委ねられてしまう恐れもあるか、と私は危惧している。

島びとは、今こそ気持ち新たに力を合わせ、三宅島噴火災害の風化をくい止め、長期避難に耐えながら、復興への夢を果たしてほしいと願っている。足りない分は世の皆様に助けていただこう。また、戻れぬ島びとへの配慮も欠かせない。

私個人のことと三宅島全体のことが入り交って分かりづらい文となり申し訳ない。

前書きでも述べたが、資料に乏しい記録ものになってしまった。

災害関係の報告書は、一般に災害終息後か、後片づけの目安がついてから関係官庁が出している。三宅島では、それが続行中で終息はいつか分からない。待っていては世間の記憶から消えてしまう。そこで本著は私の体験と島びと避難四年間の姿を中間報告の形でまとめ、世に訴えることを目指した。

なお、各項目副題の島ことばは、島びとの立場を代弁した私の創作である。島ことばは各地域集落で異なるが、他所者《よそもの》の私では生粋《きっすい》の地のことばは身についていない。私の暮らす阿古方言を中心に坪田ことばや他の集落のものも混ざる複合語の感が強い。この点はご容赦願いたい。

取材協力いただいた方は、実名を挙げた方だけでも五十人近く。影ながらお力添え下さり、私の問いに応じていただいた役場、マスコミの関係の方を含めると正確な数は分からないが百人近いと思う。島びとが中心になるがボランティアの方々、三宅島にご縁があったり、関心の方が主だ。その方々の支えでやっと原稿がまとまったようなものである。

小学校級友上田幹夫、田所泉両兄にはお知恵拝借し、半世紀以上も昔の友情に心から謝意を表し御礼申し上げる。

写真では全く苦労した。避難最中に写真を撮る人などほとんどおらず、島に渡れる機会も限られていて、避難中の島の姿や散りじりの避難暮らしの様子も多くの方々の助けを借りたので、写真ごとに提供者名を載せ御礼に代える。元画をもとに模写スケッチされた元三宅島で学校勤務の小川吉宥《よしのり》さんには格別のお骨折りをいただき古き友情に謝する。

出版協力いただいた文芸社、長沢邦武・久保欽一・花沢恵一・竹村忠晃の各氏の編集に務められたお仕事や人柄に深く御礼する次第である。

なお、帰島し復興が軌道にのった段階で改めて、三宅島をご支援下さった全国の皆様に御礼報告の形で次の原稿を帰島・復興の姿でお伝えしたい気持ちでおります。

平成十六年六月末日　　村　榮

噴火と避難の記録（年表）

平成一二年（二〇〇〇年）

六月二六日

・夕刻火山活動の地震始まる。

・気象庁「緊急火山情報」夕刻発表

・三宅村　阿古・坪田地区住民二一三〇〇人に三宅小中学校への避難勧告。深夜完了。

・内閣危機管理センター及び東京都、三宅村災害対策本部設置。自衛隊、海上保安庁、警視庁、消防庁などに出動要請。

六月二七日

・気象庁　早朝に島の西三〇〇〇ｍの海底噴火を発表。

・東京都災害救助法適用。

・各種艦艇二七隻早朝到着。要員・車輌揚陸。

・三宅村伊ヶ谷地区住民三〇〇人に避難勧告。

・火山噴火予知連絡会（予知連）も海底噴火と発表。

・国土地理院 地殻変動発表。島は南東・南西に伸びる。

・気象庁 二六日一八・三〇～二七日一三・〇〇有感地震二九五回と発表。

・予知連発表　雄山噴火迫ると。西山腹の割れ目噴火の可能性を。

・同伊豆部会長発表。山頂を目指すマグマは、途中で阿古地区地下から海底を西に向かい海底噴

六月二八日	火。島内噴火の可能性は低いと。 ・気象庁と東大地震研の地震計一三台、防災技術研の傾斜計五台がデータ送る。 ・一一月予定の三宅村避難訓練準備マニュアルが役立つ。
六月二九日	・予知連会長、夜遅く「安全宣言」を発表。 ・三宅村避難全面解除、住民の多くは、深夜自宅に戻る。 ・都知事昼頃来島。避難民慰労と視察。
六月三〇日	・災害対策本部解散。 ・阿古・伊ヶ谷両地区で地割れ多数。阿古地区では地盤沈下で家屋放棄一戸出る。同地区は以後、断水続く。地震激しく多発。
	・自衛隊徐々に引き揚げる。
七月一日	・神津《こうづ》島で震度6弱地震があり、一人死亡。 ・以降、新島《にいじま》・神津島近海を震源とする地震強く多発する。神津島住民一〇七人避難。停電。 ・新島震度5弱、式根島も揺れ、新島若郷《わかごう》地区は十砂崩れで孤立する。
七月二日	・神津島村避難指示。
七月三日	・神津島余震続き、空港閉鎖。小中学校の休校五日まで。
七月四日	・台風3号で新島・神津島家屋一八棟損壊。
七月八日	・三宅島雄山一八・四三噴火。陸上の一回目噴火。噴煙の高さ八

〇〇m。雲厚く、阿古地区からは見えず。

・三宅島の北東部、島下地区から東部三池地区住民に避難勧告。対象八六人、別に一四三人は自主避難。

・気象庁発表　山頂カルデラ直径八〇〇m、深さ一〇〇m陥没と。

・予知連発表は、火道空間を埋める形の陥没と。

・村営バス島内一周再開。阿古地区水道回復。同時に温泉再開。

・三宅村全島中腹の雄山環状林道より上は立ち入り禁止となる。

七月九日

・神津島未明に震度6弱の地震で、住民の1／4が島を出る。

七月一〇日

・神津島の小中高校は繰り上げ修業式。

・三宅島の地震は一〇日～一二日で二〇〇〇回以上。不思議と満潮時に重なる。

七月一二日

・三宅村村長選挙。立候補者一人のため、無投票で長谷川鴻氏と決まる。

七月一四日

・未明雄山噴火。地震は、この日だけで一五〇〇回以上発生。

・三宅村島下一帯に避難勧告。同地区の降灰被害は大きい。

七月一五日

・朝八時過ぎ、震度4の地震に続き、雄山噴火。噴煙の高さ一〇〇〇m。前日と合わせ二回目噴火と呼ぶ。この日の地震一九〇〇回。

	・新島震度6弱、式根島5強、神津島4の地震。 新島若郷地区孤立で漁船出動し、二七五人が本村に避難する。
七月一七日	・新島では、住民・観光客四四〇人この日の定期船で島を出る。 ・国土地理院発表　GPS測定により、式根島・神津島と新島・利島《としま》・大島間が離れる。 ・三宅村　島下地区住民の避難解除。三池地区住民も自宅に戻る。 ・巡視船、島の北三・七㎞沖で海色変化を発見。 ・国土地理院は、七月八日の雄山噴火口陥没直径は九八五m、面積〇・五九㎢、陥没量五六〇〇万㎥と発表。深さは、一三五・四m。 ・扇国土庁長官米島視察。 島一周道路全通。
七月二〇日	・式根島震度5強、神津島5弱、三宅島3の地震。 ・三宅島の地震は、以後七月二七日まで、間断、強弱を繰り返し、ずっと揺れ続ける。初期の地震は、縦揺れの後に横揺れ。後にはずっと横揺れのみになる。 ・定期船すとれりちあ丸は、六月二六日以来初めて阿古錆ヶ浜港に入る。
七月二四日	・午前六・五二　式根島5強、神津島5弱、三宅島4の地震。 群発地震と降灰除却・観光客減で各島産業不振の悩み深し。農

	漁業も同じ。
七月二六日	・三宅島この一カ月で、震度4以上の地震が一五〇回ある。 ・台風6号で島の北東部は泥流を起こし、一帯の住民一七〇人避難。村営バス一周不能となり部分運行。
七月二七日	・新島震度5強、式根島5弱の地震。 ・三宅島温泉止まる。飛行機運休一七日間続く。
七月三〇日	・三宅島九・一八震度5強。二一・二五震度6弱、続いて5強の揺れ。 ・神津島5弱、新島・式根島・利島《としま》は4の地震。
七月三一日	・最初の噴火六月二六日以来、定期船の欠航なく、各島住民のパニックを防ぐ。
八月四日	・式根島震度5弱の地震。伊豆諸島の地震徹底して続く。住民疲労困憊。 ・雄山火口レーザー測定結果発表。火口直径一・四km。深さ四五〇m。風呂樋型で陥没と地震研中田教授。
八月五日	・三宅島観光客1／10に激減。民宿中心に関係者大打撃となる。
八月八日	・予知連は、今後も小規模な噴火の可能性を発表。
八月九日	・この日一日のみ一周都道開通。六月二六日以来のこと。また、翌日八／一〇以降都道完全スト

八月一〇日	ップ。この日、初めて山頂姿現わす。 ・六・三〇〜八・三〇　雄山山頂噴火。噴煙の高さは三〇〇〇m。灰褐色の降灰は島の東〜北東部に降る。
八月一二日	・三宅村、神着地区住民三一五世帯・六三四人に避難勧告。 ・島下地区〜役場前間の都道は、泥流で通行止め。 ・予知連は、水蒸気爆発か、マグマ水蒸気爆発と発表。 ・三宅村、台風9号の大雨による泥流禍を恐れ、神着地区四七四世帯九六五人に避難勧告を拡大。 ・この日まで、噴火当初からずっと南西風続き、降灰・泥流被害は、島の北東部に集中して起こる。
八月一三日	・台風9号で風向き一転、北東風に変わる。風下の阿古地区が降灰と大雨泥流で、以後地獄と化す。
八月一四日	台風9号の大雨は、八月一三〜一四日で一七〇㎜。 ・この頃より、雄山噴火は断続的から連続的に移っていく。噴煙の高さは火口から三〇〇〇mという。
八月一五日	・夕方からの地震は休みなく続き、特に夜中続いた揺れの激しさは、島中の人を眠らせなかった。一連の火山活動中で、最も数多く、激しい地震の一日であった。

八月一八日

震度4と3は、五分に一回。八月一五日～一六日に一二〇〇〇回揺れた。

・一七・〇〇過ぎ、山頂大噴火。噴煙は一四〇〇〇mに達する。島内全域に降灰、落石で逃げ場なし。鳴動、雷光凄まじい。噴石の一部は麓にまで落ちる。降灰は二一・〇〇頃まで続く。

・三宅村　坪田、神着、伊ヶ谷地区に避難勧告。一七・二〇、一〇九〇世帯二一六二人が対象。阿古地区は避難指示。

有線放送は全島に避難を呼びかけるが、暗黒の灰闇の中では避難できず。ほとんどが家の中に閉じこもったようだ。これで、全島民が島内に逃げ場のないことを悟る。

八月一九日

・島中が灰に埋もれ、伊ヶ谷地区二〇㎝、伊豆地区二〇㎝、阿古地区二～三㎝と有線放送あり。

・小石落下で坪田地区の家屋窓ガラス、車の窓、トタン屋根の破損多数。

・山頂大噴火以降、連日二〇〇〇～三〇〇〇mの噴煙上る。

・空港完全閉鎖。村営バスもストップ。

八月二二日

・この日の定期船で三五〇人が島を離れて自主避難に走る。以後、連日一〇〇人単位で住民島を出ていく。

・予知連では、噴火メカニズムを

	解明できずに六月三〇日の「安全宣言」を取り消す。 ・東京都、再度自衛隊派遣を要請する。その規模三〇〇人。これより一週間、自衛隊の若者、二隻の自衛艦に寝泊りして空港滑走路灰除去、泥流対策の土のう積み、高齢者独居宅の屋根灰下ろしで活躍。
八月二三日	・有線放送は、終日灰ぼこり鎮めの道路への水撒き控えを呼びかける。車のスリップ事故が多いため。 ・商店閉じ、バス止まり、住民途方に暮れ、島外脱出続く。診療所に行けぬ病人は、薬切れて困る。
八月二四日	・八月一八日の大噴火で、雄山中腹の牧場の牛、噴石落下で一五頭死ぬを知る。七一頭中無事救出は二八頭のみ。 ・村議会は、全島住民避難を行政に求める。 ・降灰は乾くと風で舞い、日中も薄暗い。エアコン、バイクは灰を吸って止まる。 ・島中雨戸を閉じ、家の中で息をひそめる。 ・予知連論議の末、見解発表。「今後の火山活動の予測困難。火山学の限界を超える現象。約二五〇〇年前に起きたと同じような活動の可能性を否定できず」と。

八月二五日

・村立小中学校六校の二学期開始を延ばし、全員の島外避難を決め、東京都教育庁と協議を始める。高校も限界と都教育庁に訴える。
・老人ホーム入居者の東京への避難がヘリ、船で始まる。
・都教育庁、小・中・高校生全員四四五人の親付き添いなしの受け入れに戸惑う。

八月二六日

・八月一八日の大噴火後、一週間で約一〇〇〇人の住民が自主避難の形で、島外に脱出する。
・都副知事、予知連会長に島の非常事態を直接島で住民に説明を求め、八月二九日がその予定日となる。
・東京都は、この段階でも全島住民を対象の避難は考えておらずとニュースに載る。東京都は予知連の科学的判断を待ち、予知連は人命を心配し、行政は生活の責任で迷う様子。最も困惑するのは、島に残された住民と村長か。
・島での救いは、電気・水道・電話が維持され、テレビで情報が得られたことだ。
・自給自足の歴史から、各戸に食料の貯えがあり、定期船が確実に就航していたことも混乱を防いだ。定期船用に臨時バス運行。

八月二九日

・早暁四・二五山頂大噴火。噴煙

の高さは八〇〇〇m。火砕サージ南北二方向に流れ、北は海にまで達する。
・村教委、急ぎ在島の小・中・高校生を集め、学校全職員付き添いで、避難先の東京都あきる野市にある都立秋川高校の寮に向かわせる。
・再び災害対策本部を設置（東京都・三宅村）
・三月二七日現在の小・中・高校生在島者数一三九人。
・老人ホーム入居者の残り二〇人と在宅の障害者をヘリや定期船で東京に運ぶ。
・予知連井田会長来島するが、火山説明会は混乱で中止。

八月三〇日

・東京都は、三宅島避難者に都営住宅一三〇〇～一四〇〇戸用意すると発表。
・三宅島の火山ガスが八月二八日東京八王子市に流れ、二酸化硫黄が喘息患者に影響とニュースが伝える。
・この日までの住民脱出者数二二五七人。
・一方、在島者数一一〇〇人と。大混乱の中、人数まちまちで住民基本台帳人口と合わず。
・東京都は、なお予知連の判断待ちで、島民へは自主避難の方針。予知連は行政権限なく困惑。被害者の住民は、生命か生活かの選択を迫られる。

八月三一日	・来島の予知連井田会長、再度談話発表。「今後の噴火予測困難。火山学の限界。火砕流発生」と。加えて、「個人的見解としながらも、このことを防災関係者は、重く受け止めてほしい」とも。
	・マレーシア訪問中の石原都知事、なお予知連の公式見解を待つとの発言がニュースに。
九月一日	・東京都、夕方に三宅島の全島避難を決定。
	・三宅村、九月二日~四日までに防災要員を残し全住民の避難完了を決定。
	・防災要員四〇〇人は、チャーター船、かとれあ丸生活となる。
	・三宅村人口三八二九人、一九六六世帯（住民基本台帳より）
九月二日	・三宅村、荷物持ち出しの一時帰島を許可する。
	・全島住民の避難始まる。船便のみ。
	この日、二八四人島を出る。
九月三日	・石原都知事、三宅島の被災情況視察。
	・六〇〇人島を去る。一時宿泊先は代々木の国立オリンピック記念青少年センター。
九月四日	・森首相一行三宅島の現地視察をする。
	・四〇〇余人乗船で住民の避難完了する。

九月五日	・防災関係者四一七人かとれあ丸に移る。 ・三宅村役場、港区海岸に東京事務所開設。 ・秋川学校で三宅島小中高校合同の二学期始業式を行う。 ・防災関係者、報道陣、学者ら一〇五人島を出て、完全無人島化となる。 ・発電所機能停止で、火山観測機器約四〇台も機能停止。
九月六日	・都三宅支庁 新宿都庁内で業務開始。 ・住民の都営住宅入居始まる。 ・生活必需品の支給開始。 ・島の防災活動に支障と発電再開。 ・島の学校飼育のウサギ、チャボなど約二〇羽が友情リレーで江戸川区の二つの小学校に移る。
九月七日	・都住宅局で避難者受け入れ手続き本格化。
九月九日	・オリンピック村全員退居し、都営住宅に移る。
九月一五日	・島の泥流被害家屋、約三〇棟と推定。
九月一六日	・台風17号で、かとれあ丸東京港に避難。九月一六日～一九日、島は再び無人島化する。
九月二〇日	・かとれあ丸は、神津島を母港に防災活動を再開。
九月二一日	・雄山の火山ガス噴出量は、日量三五〇〇〇トン九月二二日は二六〇〇〇トン。
九月二六日	・火山ガス噴出量が先月より増え、

	防災活動に支障と。
九月二八日	・現地対策本部を、かとれあ丸から神津島に本拠を移す予定と発表。 ・火山ガス放出量六〇〇〇〇トンに増える。 ・全国で三宅島支援募金・支援物資の提供盛んになる。
一〇月一日	・国勢調査で三宅村無人島の場合は、地方交付税に影響と。
一〇月四日	・東京都、都営住宅入居三宅村住民の家賃免除。上下水道、NHK受信料、郵便料も当分免除。 ・東京都、三宅島火山活動検討委員会設置。
一〇月一〇日	・雄山噴煙が先月の灰色から白色蒸気に変わる。火山ガスが大量に含まれると。 ・避難後、初の臨時村議会開く。 ・第一回義援金配分決まる。
一〇月一六日	・三宅中学グランドに臨時ヘリポート完成。 ・「みやけの風」第一号発行。三宅島支援ボランティア事業。
一〇月一九日	・三宅村立川事務所開設。
一〇月二〇日	・三宅村調整室新設。都より助役迎える。 ・全国からの義援金七億五千万円に達す。
一〇月二四日	・都知事、秋川集団学校を訪れ励ます。
一〇月二七日	・かとれあ丸宿泊を廃し、神津島に上陸して現地対策本部を設け

日付	その他
	る。以後、三宅島への船便はかとれあ丸、えびね丸になり、すべて神津島経由となる。 日付け不明事項 ・一〇月四日現在の避難先不明三宅島住民六〇〇人以上。 ・無人島化した三宅島の火山活動の先行不明。 ・秋川学校の子ら、体調不良訴え続出。 ・避難者の就職困難。高齢、通勤距離、適職でミスマッチ。 ・漁船二六隻伊豆下田港に避難。漁師も当地で暮らす。 ・国土地理院発表。島の南西部阿古地区は沈下傾向にあると。島全体も縮少傾向。
一一月一日	・予知連発表「多量の火山ガス放出は、当分続くであろう」と。
一一月七日	・都知事発表。都営住宅の避難者三カ月更新手続きを延長に切替えると。
一一月一〇日	・義援金六億五千万円分の住民配分決まる。 ・一回めは一人二八、〇〇〇円。二回めは一世帯九万円に一人一二万円。一一月二一日支給。
一一月一五日	・三宅村、都庁内の新宿総合事務所開設。
一一月一八日	・東京都、島しょ災害対策予算三三八億円を補正予算に組む。新島・神津島を含む。

一一月二五日	・三宅村初の住民説明会を都庁で開く。住民五〇〇人参加。後日、他の二会場でも開く。
一一月二八日	・雄山陥没火口底黄変。日量数万tのガス放出続く。
一一月三〇日	・政府、被害者生活再建支援法で一世帯一〇〇万円を限度に年内支給を決定。 ・NHKアンケート実施（開始日不明）
一二月二日	・都知事、避難の長期化見通しを都議会で発表。
一二月三日	・初の三宅島島民ふれあい集会を港区芝浦小学校で催す。 ・三宅島宛郵便物の転送先郵送始まる。

一二月六日	・住民の分散生活、収入不安、失業保険頼みの職なし苦境続く。 ・島のインフラ整備に自衛隊の大型ヘリ、神津島を基地に活動開始。輸送効率向上。
一二月一八日	・八丈島に避難者二七世帯四五人判明。八丈町はさらに受け入れると。
一二月二〇日	・美智子皇后、秋川学校の小学生を見舞う。
一二月二二日	・六〇歳以上の高齢者忘年会が立川市で催される。三宅島会主催。
一二月三一日	・天皇陛下の三宅島噴火御歌 「火山灰　ふかく積もれし　島を離れ 人らこの冬を　いかに過さむ」

一二月下旬	・三宅島避難者、各地で優しく催しに招かれる。 ・秋川学校への不安高まる。保護者は維持希望。教職員は限界と。肝心の子供不安定。 ・予知連、三宅島の火山活動の見通し困難が大勢。 ・三宅島住民電話帳、ボランティアの支援で発行。

平成一三年(二〇〇一年)

一月一日	・三宅村住民避難先は、二一都道県に分散。 内訳 東京都三三四七人、神奈川県一五〇人、埼玉県一三四人、その他、不明者三八人（一月一日調べ） 避難時登録住民数三八五五人（一二年八月二一日現在）
一月八日	・三宅村、成人式を立川で行う。二八人出席。
一月一二日	・第三回義援金の配分決定。第二回と同額。
一月一三日	・都副知事発言。現行法で対応できぬと。 ・元国土庁防災局長は、主治医の火山学者が必要と。また危険覚悟の共生もと。
一月一六日	・ふれあいコール電話始まる。三宅島支援ボランティアセンター事業。
一月二〇日	・島の自然についての学術シンポジュウムが都庁で催される。海

は二～五年、山の自然は一〇年以上で回復と専門家が発表。

二月五日	・予知連、雄山噴火の見通しについて統一見解を発表。火山ガスの沈静化まで一年以上と。
二月二八日	・三宅高校、新入生二八人の合格発表。
三月一日	・三宅村、住民の生活実態アンケート調査開始。
三月三日	・森首相一行二回目の三宅島現地視察をする。特別立法の必要性を発言。マスコミ陣渡島。 ・気象庁発表　雄山の火山ガス大量放出は連日二～五万tで世界一と。
三月四日	・三宅高校卒業式。四一人卒業。
三月一三日	・新三宅村つくり案、朝日新聞に載る。現在都に一二〇カ所三三四七人が散在して生活とも。
三月一四日	・研究者、都の依頼で動植物調査で渡島。二～三月に三回の比較法で野鳥は1／3～1／4に減少。麓の植物は比較的無事と。
三月一九日	・三宅島三校の中学卒業生三九人。うち二一人が三宅高校に進学。
三月二九日	・都水産試験場の三宅の海調査結果発表。三池沖でイセエビ・テングサの芽生え確認。回復は、二～三年先と。 ・島のペットの仮預り所が日野市に開設。ボランティアの支援による。
三月三〇日	・三宅村シルバー人材センター立

	川支所開設。
四月一日	・三宅村、住民自主活動支援補助金制度できる。
四月六日	・秋川の集団学校新学期迎える。内訳 小学校二七人、中学校五七人、小学校新一年は募集せず。寮生活生は、小中生の3／4。 ・武蔵村山団地からは、スクールバスが運行開始。
四月一〇日	・雄山の火山ガスが南風で各地に運ばれる。敦賀（福井）、尾西（愛知）、大垣（岐阜）に届く。雄山の噴出量日量二～五万t。
四月一五日	・第二回三宅島島民ふれあい大会、港区芝浦小学校で開かれる。
四月一六日	・島一周の都道の仮橋四カ所完成。一周可能となる。防災要員二〇〇人体制となる。悪天候続きで、神津島からの渡島に苦労と。
四月一九日	・義援金第三回支給は、五月と決まる。
四月二一日	・住民生活実態調査がまとまり発表。半数が避難一年以上と覚悟。
四月三〇日	・三宅島災害対策技術会議が設置（都）
五月一日	・都水産試験場調査結果発表。西海岸の泥流域では生息なし。降灰域でも黒潮が洗う場所は、藻類生息と。
五月四日	・島に火山ガス対応施設ができ、夜間常駐二〇人規模でテスト始

	まる。
五月一〇日	・三宅島「げんき農場」八王子に開園。住民五〇人ずつが半年交替で農作業可能となる。
五月二〇日	・住民説明会を都庁で開く。続いて五月二六日まで四カ所で開かれ、延べ七五〇人が参加。
五月二一日	・島中に電気回復。各戸は除く。
	・山頂からの火山ガス噴出量は、二～三万t日量。
五月二五日	・現地対策本部発行の「三宅島の現状」その七から各戸に届き始める。月二回発行。
五月三一日	・都知事、EU大使らと大島・新島視察。三宅島へは、ヘリで空から眺めるだけ。
六月三日	・島内各戸の様子を伝える外観写真三枚ずつが全世帯に送られる。三宅村作業。
六月一九日	・現地作業員一名死亡。
六月二四日	・都議会議員選挙。不在者投票は六月一五～二三日。
六月二七日	・医療チーム現地常駐始まる。
その他	・山頂からの火山ガスが日量一～二万tとわずか減る。
	・島内三カ所に火山ガス対応クリーンルーム完成。三〇〇人規模のインフラ要員常駐可能となる。
七月二～七日	・三宅島災害パネル展（災害から一年）。都政ギャラリー支援センター事業。
七月一二～一三日	・泥流被害家屋七四人世帯主のみ

	一時帰島（日帰り）。
七月中旬	・NHKアンケート調査。
七月二六日	・天皇・皇后ヘリで新島若郷地区と神津島を訪れ慰問。三宅島へはヘリで上空から視察。
七月二九日	・参議院議員選挙。不在者投票七月一二～二八日。
八月三日	・都知事、全島民の一時帰島を九月九～一三日に実施と発表。
八月八日	・三宅漁協、トコブシ稚貝三四万二千個の放流を決定。
八月二〇日	・気象庁の発表。島全体の収縮は、ほぼ停滞し、大きな噴火の可能性は少ないと。
八月二七日	・天皇・皇后、下田港避難の三宅島漁業者二七人を現地で慰労される。
八月三〇日	・三宅島火山活動検討委員会座長発表。「山頂付近の観測体制強化と今後の小規模噴火はありうる」と。
八月三一日	・小泉首相の三宅島視察予定が延期。 ・都及び村指定の有形文化財等六件が、昨年九月中に無事島外に搬出されていたことを知る。
その他日不明	・国土地理院発表。噴火前の三宅島雄山標高八一四mが山頂カルデラ陥没で七五九mに下がったと。マイナス五五m。
九月四日	・全島民避難から一年経過。
九月一七日	・一時帰島　大久保・伊豆・伊ヶ

	谷地区三一五世帯。
九月一八日	・〃　坪田地区三五三世帯。
九月一九日	・マスコミ陣渡島。
九月二一日	・現地対策本部が神津島から三宅島の都支庁舎に移転。支庁にクリーンハウス三〇人収容完成。
九月二五日	・一時帰島　阿古地区三〇四世帯。
九月二六日	・〃　〃　と残り三池地区三二八世帯。
九月二六〜二八日	・雄山三日間連続小規模噴火。東部に降灰。
九月二九日	・小泉首相ヘリで三宅島に降り視察。午後は秋川学校慰問。
九月三〇日	・第三回島民ふれあい集会催す。会場は港区芝浦小学校。
上旬	・都議会議員団一〇人　三宅島現地視察。

その他	・台風17号、八丈島の東を北上（九／二〇）
一〇月二日	・一時帰島　神着地区二七二世帯。
一〇月三日	・自衛隊派遣すべて撤収（海上自衛隊）
一〇月一一日	・雄山小噴火。東部に降灰。
一〇月一六日	・〃　〃
一〇月一八日〜一一月二日	・三宅村住民生活実態調査（第二回）始まる。
中旬	・屋根の応急修理の希望調査。自己負担で島の職工組合が施工。
一一月一〜四日	・村会議員、三宅島現地視察。
一一月一日	・三宅島地震。震度2。
一一月二日	・第二回住民生活実態調査締め切

	り。
一一月一二日	・阿古地区ふるさとの湯にクリーンハウス完成。島全体で常駐四〇〇人収容可能となる。 ・三宅島復旧土木工事で、都職員と業者の三〇〇万円贈収賄事件発覚。
一一月一四日	・第四回義援金配分決定。一世帯九万円と一人一二万円。
一二月一四日	・坪田三七沢に初の大型砂防ダム完成。
一二月一五日	・三宅島で午後二時四〇分　風速三四・七m／s記録。
一二月二二日	・秋川学校二学期終了式。小・中・高校で一五一人開校時の1／3に減る。
一二月二五日	・生活保護世帯増える。一三年一一月末現在で三四世帯四七人。三宅支庁発表。
一二月三〇日	・屋根修理希望一〇八戸。来春から工事予定と。
一二月二七日～一月七日	・防災工事正月休みで島守一三人を残し全員引き揚げる。
その他	・一二／一六予定の報道陣への三宅島公開は、悪天候強風で中止。 ・一二／二六気象庁中禮正明火山対策官発言。火山ガスが今の半分日量五千tぐらいにならぬと帰島論議は無理と。現在SO_2日量一～二万t。SO_2の麓での濃度は、多い日で環境基準の六〇倍。

平成一四年（二〇〇二年）

不明	・歌会始、入選 三宅島の思い「噴気たち 泥流島をおほふとも 　海青ければ 春の待たるる」 （工藤政尚 六八歳 宮内庁発表）
一月一四日	・成人式、立川で行われる。三八人。
一月一五日	・第2回住民生活実態調査結果発表。
一月一七日	・阪神淡路大震災から満七年経過。
一月二五日	・クリーンハウス一二棟完成。四八〇人収容可能。
一月二九日	・報道陣取材で三宅島渡島。四回目。海岸沿いの周回道路と中腹の村営牧場入り口まで。 ・第一回三宅村復興計画策定委員会発足。委員二三人。 ・三宅島の百歳長寿高齢者二名、春には誕生と。
二月一日	・ゆめ農園が江東区夢の島に開園。四〇人働く。 ・村民の日。 ・予知連発表。「雄山の火山活動は低下傾向にある。小噴火の可能性はある。火山ガスは、長期的には減少傾向にあるが、依然高い値い」と。 井田会長、記者会見で、火山ガスは一年に約1／3ずつ減る傾向にあると予測する。

二月一四日	・第二回三宅村復興委員会開催。
二月一八日	・都知事都議会で発言。三宅島救済資金に後楽園競輪復活はと提案。
三月一日	・三宅村発表。四月から一時帰島を毎月地域ごとに一回実施。年末まで八回可能。一回二〇〇人。島を三地域に分けての日帰りで一世帯三人まで。有料。屋根修理、家財持ち出しが目的。 ・NHK発表。昨秋の一時帰島で家屋被害アンケート調査まとめ。鍵穴腐食六六一件、屋根雨洩り二二八件。イタチ・ネズミ・白アリ被害七〇一件、屋内カビ七一七件。
三月九日	・三宅高校卒業式。二九人卒業。
三月一一日	・三宅島宛郵便物業務再開。
三月一二日	・残りの一時帰島。全地域対象。一七九世帯。
三月一四日	・予知連、三宅島の火山活動説明会。気象庁にて。住民七一人参加。
三月一六～一七日	・被災者災害フォーラム開催。損保会館にて。
三月一八日	・天皇・皇后、八王子のげんき農場慰問。
三月二一日	・三宅島三つの小学校合同卒業式。一六人卒業、うち四人三宅中学に進学希望。
三月二二日	・三宅島三つの小学校合同修業式。この日で小学校休校となる。
三月三一日	・噴火災害動物救護センター（日

	野市）閉鎖。約二五〇匹の動物それぞれに散る。
四月一日	・三宅村人口三五六三人、一八四三世帯（住民基本台帳より）
四月二日	・三宅島直行船便が週一回再開。 ・一時帰島再開　坪田地区一七九人 ・島の中央診療所クリーンハウス化で業務再開。 ・午前一〇時半頃小噴火。降灰東部へ。SO_2濃度は8ppm。翌日も続けて小噴火。
四月九日	・一時帰島　三宅地区一九四人
四月一三日	・三宅島島民連絡会、正式発足。
四月一四日	・雄山火口底から火山ガスを直接パイプで採取分析する工事始める。翌日破損。
四月一六日	・一時帰島　阿古地区一九〇人
四月二一日	・第四回島民ふれあい集会開催。芝浦小にて。島民連絡会住民に承認される。
四月二三日	・一時帰島　阿古地区一八九人 以後、毎月実施となる。ただし日帰り帰島。
五月八日	・衆議院災害対策特別委員会一行一五名、三宅島現地視察。
五月一四日	・一時帰島　三宅地区一六八人
五月一五日	・島民れんらくかいニュース第一号発行。各戸に配布。以後、毎月一回。
五月二一日	・一時帰島　阿古地区　一七八人
五月二二日	・〃　坪田地区　二八九人

五月二三日	・予知連統一見解発表。
六月二四日	・予知連説明会。気象庁にて。マスコミ公開。住民六〇人参加。
六月二五日	・副知事、マスコミ三宅島に渡り、復興状況伝える。砂防ダム一五基完成。島内一周道路全線開通。水道・電気・電話のインフラ整備進む。
六月二六日	・一時帰島　三宅地区二八六人
	・　〃　　阿古地区二六四人
六月二九日	・雄山噴火丸二年
	・都市基盤整備公団の三宅島入居者三九世帯一一一人、家賃免除二年以上は無理と。九月末までに都営団地に移ることになる。
七月一日	・島民電話帳（第二版）完成配布。支援センター
七月二日	・一時帰島　坪田地区一〇一人
七月四日	・活動火山対策特別措置法が適用され、避難施設緊急整備地域に指定。住民用クリーンハウス建設の見込み立つ。
七月一〇日	・台風6号　三宅島影響　一時帰島延期。
七月一六日	・〃　7号　〃　被害　風速四六・二m/s
七月一六～二三日	・NHK第三回アンケート調査。避難丸二年を迎えて。
七月一八日	・一時帰島　三宅地区一八六人
七月一九日	・秋川学校の一学期修業式
七月三〇日	・一時帰島　三宅地区　一七三人
七月三一日	・　〃　　阿古地区　一五五人

八月五日	・児童・生徒の一時帰島　坪田地区一一四人。マスコミ渡島。
八月六日	・児童・生徒の一時帰島　阿古地区　一五〇人
八月七日	・　〃　三宅地区　一八二人
八月一七日	・台風13号で三宅島高波・強風・大波。
八月二四日	・第一回島民対話集会、豊島公会堂で始まる。以後七回各地で予定。
八月二七日	・マスコミに三宅島公開。三七人渡島。
八月二八日	・三宅島企業への助成金制度を半年延長八／二九から。
八月三〇日	・都は、三宅島の火山ガス検討チームを九月中に発足と発表。
九月二日	・一時帰島　坪田地区　一七三人
九月四日	・　〃　三宅地区　一六〇人
九月九日	・　〃　〃　一七二人
九月一二日	・都、火口底から火山ガス採取のパイプ設置に再挑戦。四月以来二度目。約半月後、台風で壊れる。
九月一三日	・村井防災担当大臣三宅島視察。
	・「阿古のシロアリ被害家屋に衝撃」と発言。
九月一七日	・一時帰島　阿古地区一六四人（延期四回例）
九月一八日	・内閣官房危機管理審議官一行三宅島視察。家屋被害、クリーンハウス、牧場など回る。

九月二七日	・一時帰島の新方式発表　村役場。地域指定制、無料、一〇／二二～一一／二六　一二回実施と。
九月三〇日	・都の火山ガス検討会第一回会合 ・第二次小泉内閣発足。鴻池祥肇防災担当大臣に交代。
一〇月一日	・台風21号三宅島被害大。風速四九・三m/s。雨量八八・八㎜　三宅島測所。坪田港漁船一八隻損壊。
一〇月四日	・石井消防庁長官一行九人来島。クリーンハウス視察。
一〇月九日	・小噴火。東部に降灰。
一〇月一四日	・一時帰島　坪田地区　二三一人
一〇月一五日	・鴻池防災担当大臣、三宅島視察。
一〇月一八日	・一時帰島　三宅地区　二五三人

一〇月二二日	・〃　阿古地区　二五八人 ・新方式の一時帰島始まる。阿古と三池地区の船は着けず折り返す。
一〇月二四日	・一時帰島　沖ケ平・神着C　一五六人
一〇月二九日	・〃　坪田A　一三五人
一〇月三〇日	・〃　〃B　一三八人
一〇月三一日	・〃　三池・阿古D　一五六人
一一月四日	・第五回島民ふれあい集会開催　芝浦小
一一月五日	・一時帰島　坪田C　一二四人
一一月六日	・〃　神着A　一八七人
一一月一二日	・〃　神着B、伊豆A　一四六人

一一月一三日	・〃　伊豆B　一八四人
一一月一九日	・〃　大久保、伊ヶ谷　二一八人
一一月二〇日	・〃　阿古A　一八五人
一一月二三日	・火山説明会、気象庁・予知連　都庁にて　七四人
一一月二八日	・一時帰島　阿古C　一四七人
不明	・防災用クリーンハウス増設、合計一六棟六三〇人収容可能となる。
一一月二九日	・三宅島帰島計画プロセス検討委員会設置。三宅村。座長野村助役。
一二月一九日	・一時帰島　阿古B一四一人

平成一五年（二〇〇三年）

一月六日	・八丈便、週三回三宅島定期船寄港再開（月・水・金）
一月一三日	・成人式　立川市のホテルで　四三人出席（五三人中）
一月一四日	・署名運動開始（被災者生活再建支援法見直し）
一月一五日	・一時帰島　坪田地区四四人
一月一八日	・〃　阿古〃四七人
一月二三日	・中高一貫教育　一五年度より三宅島で実施（都教育庁）。
一月二七日	・生活保護支給を弾力的に運用と（東京都）
一月三〇日	・三宅島候補のLNPに瀬戸内無人島名乗り出る（広島県沖見町大黒神島）

二月上旬	・三宅村復興計画策定委員会概要報告公表。
二月五日	・広島県沖見町長、ＬＮＰ誘致断念。
二月七日	・一時帰島　伊ヶ谷・伊豆地区三四人 ・〃　神着地区三六人
二月一二日	・三宅島地震　震度4
二月一八日	・三宅島火山ガス予報二四時間前から　一五年四月実施（気象庁） ・火山ガスミストの人体影響調査（火山ガス検討委員会）
二月二二日	・予知連火山説明会（都庁）第四回
二月二三日	・三宅島地震　震度2
二月二四日	・支援センターがＮＨＫより放送文化賞をもらう。
二月二五日	・三宅島介護保険料四月から月三七五五円となる。国・都の補助金四九〇〇万円による。
三月六日	・一時帰島　伊豆・伊ヶ谷地区五二人
三月七日	・三宅高校卒業式　二四人卒業 ・三宅村噴火により国より激甚災害の指定を受ける。四一七〇〇万円の補助金で村道整備。
三月一五日	・一時帰島　阿古地区六五人
三月一九日	・三宅島三中学の合同卒業式一〇人卒業 ・年度前半分一時帰島は四月一六日より、滞在型一時帰島（三泊

	四日）は四月一八日より併行実施と発表（三宅村）
三月二二日	・一時帰島　伊豆・伊ヶ谷地区六〇人
三月二四日	・火山ガス検討会結論発表。
三月二五日	・三宅島三中学合同修業式　一、二年で一一人。
三月三一～四月一日	・子供サミット、北海道虻田町で開く。三宅島の小学五～六年生三一人参加。
三月三一日	・島民用クリーンハウス完成。三〇二人収容（一四億円　伊豆地区）
四月五日	・火山ガス検討会結果報告。都庁にて　一〇〇人
四月七日	・三宅島合同中学始業式（入学者〇、二年四人、三年八人計一二人）
四月八日	・三宅高校入学式（入学者九人、二年一〇人、三年二四人計四三人）
四月一六日	・一時帰島　伊豆・伊ヶ谷地区八〇人
四月一八日	・島内の火山ガス情報毎日二時間おきに有線放送開始。
四月一九日	・三泊四日の滞在型一時帰島始まる。坪田地区　四七世帯六八人 ・マスコミ陣同行取材。
四月二四日	・逢の浜橋が都道で最初の本橋で完成。

四月三〇日	・天皇・皇后、ゆめ農園慰問される。
五月九〜一三日	・滞在型帰島　伊豆・伊ヶ谷地区　一〇五人
五月一一日	・青山佾都副知事退任（現地対策本部長として三宅島噴火災害を担当し渡島七〇回以上）。
五月一三日	・予知連井田喜明会長が藤井敏嗣会長に代わる。 ・予知連統一見解発表「ゆっくり低下しているが最近半年は低下割合が緩慢になっている」。
五月一四日	・国会陳情。衆議院議長に「被災者生活再建支援法改正」を一六万人分署名で提出。島民約一〇〇人　国会議員約四〇人同行
五月一六〜二〇日	・滞在型帰島　神着地区　一〇二人
五月一八日	・第6回ふれあい集会　芝浦小会場　一三〇〇人
五月二一日	・日帰り帰島　伊豆・伊ヶ谷地区　八九人
五月二三〜二七日	・滞在型帰島　阿古地区一五九人
五月二八日	・日帰り帰島　神着地区　九二人
五月三〇日	・火山説明会　都庁　気象庁・予知連統一見解。 ・「よみがえれ三宅島の緑」シンポジウム。農工大（府中）
六月一〇日	・関東地方梅雨入り
六月六〜一〇日	・滞在型帰島　伊豆・伊ヶ谷地区　一〇六人
六月一二日	・日帰り帰島　坪田地区　八七人

六月一四~一八日	・滞在型帰島　神着〃　八七人
六月二一~二四日	・〃　阿古〃　六四人
六月二四日	・都議会で知事発言「後楽園競輪復活で三宅島支援を」と。文京区長、反対表明。 ・村議会で村長発言「住民意向調査により帰島を探る」と。
六月二六日	・日帰り帰島　神着地区　四九人
六月二八~三一日	・滞在型帰島　坪田地区一五四人
七月二日	・一時帰島　日帰り　阿古地区八七人
七月五~八日	・〃　滞在　伊豆・伊ヶ谷地区　一二〇人
七月一〇日	・〃　日帰り　坪田地区九三人
七月一二~一五日	・〃　滞在　神着地区一三八人
七月一六日	・衆議院災害対策特別委員八人へりで三宅島視察。
七月一七日	・全国知事会、被災住宅再建基金の創設決定。 ・NHKアンケート（七／一七~七／二三） ・一時帰島　日帰り　伊豆・伊ヶ谷地区　一〇三人
七月一九~二二日	・〃　滞在　阿古地区一一九人
七月二五日	・島民連絡会アンケート（七／二五~八／一〇）
七月二五~二九日	・一時帰島　滞在　坪田地区一四四人
七月三一日	・〃　日帰り　阿古地区九二人

八月四日	・児童・生徒の一時帰島日帰り　坪田・阿古地区　二〇九人
八月五日	・　〃　三宅地区　一一二人（小学生九一人、中学生四六人、高校生五六人、保護者・教職員等一二八人　合計三二一人）
八月二二～二三日	・マスコミに三宅島公開視察（坪田・三池地区）
八月二八日	・一時帰島　日帰り　坪田地区　八八人 ・同右にマスコミ同伴。
八月三〇～九月二日	・一時帰島　滞在　阿古地区　一七六人
八月三一日	・帰島・復興を考えるフォーラム　豊島区民ホール　約一八〇人
九月四日	・一時帰島　日帰り　坪田地区　九六人
九月六～九日	・　〃　滞在　伊豆・伊ヶ谷地区　一六二人
九月九日	・福永正通都副知事（現地災害対策本部長）三宅島視察。
一〇月四～五日	・一時帰島　滞在　阿古地区　四一人
一〇月七日	・　〃　日帰り　伊豆・伊ヶ谷地区　一五人
一〇月七～九日	・　〃　滞在　〃　八八人
一〇月八日	・井上防災担当相三宅島視察
一〇月一〇～一二日	・一時帰島　滞在　伊豆・伊ヶ谷

	地区　六二人
一〇月一三〜一六日	・一時帰島　滞在　坪田地区　八四人
一〇月一七〜一九日	・〃　〃　〃　六八人
一〇月二〇日	・〃　日帰り　阿古地区　三七人
一〇月二〇〜二三日	・〃　滞在　〃　七八人
一〇月二七日	・〃　日帰り　神着地区　一四人
一〇月二七〜三一日	・〃　滞在　〃　八九人
一〇月二九日	・〃　日帰り　〃　一七人
一〇月三一日〜一一月二日	・〃　滞在　〃

	六五人
一一月三〜七日	・一時帰島　滞在　坪田地区　六五人
一一月七〜九日	・〃　〃　〃　七二人
一一月一〇日	・〃　日帰り　阿古地区　一六人
一一月一〇〜一四日	・〃　滞在　〃　七〇人
一一月一二日	・〃　日帰り　〃　五人
一一月一四〜一六日	・〃　滞在　〃　五九人
一一月一八日	・〃　日帰り　神着地区　五人
一一月一八〜二〇日	・〃　滞在　〃

	六五人
一一月二〇日	・〃　日帰り　〃 六人
一一月二二〜二三日	・〃　滞在　〃 一九人
一一月二四日	・第七回ふれあい集会　港区芝浦 小　約一三〇〇人
一一月二五〜二七日	・一時帰島　滞在　伊豆・伊ヶ谷地区　一一一人
一一月二六日	・気象庁と東京都、三宅島雄山山頂観測点とガス採取を一六年三月までに実施と発表。
一二月一日	・三宅島災害復旧詳細図及び復旧計画図発表（東京都災害対策本部　一五年一〇月決定）
一二月六〜七日	・一時帰島　滞在　坪田地区
	五三人
一二月九日	・〃　日帰り　阿古地区 二八人
一二月九〜一一日	・〃　滞在　〃 九九人
一二月一二〜一四日	・〃　〃　神着地区 七三人
一二月一五〜一八日	・〃　〃　坪田地区 四九人
一二月一八日	・長谷川鴻村長、村議会で辞意表明。 ・一時帰島　日帰り　伊豆・伊ヶ谷地区　八人
一二月一九〜二二日	・〃　滞在　〃 五七人
一二月二〇日	・第三回三宅島年忘れお笑い大会 新宿京王プラザ　阿古会

一二月二二日	・居住安定支援制度、国が認定。
一二月二五日	・三宅島帰島プロセス検討会中間報告（国・都・村）

平成一六年（二〇〇四年）

一月一〇日	・ジャック・モイヤ博士亡くなる（七四歳）
一月一二日	・成人式　立川市ザ・クレストホテル立川　四〇人
一月一七日	・一時帰島　日帰り　阿古地区　一六人
一月一七〜一八日	・〃　滞在　〃　二八人
一月二四日	・〃　日帰り　坪田地区　二〇人
一月二四〜二五日	・〃　滞在　〃　五四人
一月二七〜二九日	・一時帰島　滞在　坪田地区　五五人
一月二七日	・予知連統一見解発表（気象庁）
一月三一日	・一時帰島　日帰り　神着地区　四人
一月三一日〜二月一日	・〃　滞在　〃　二八人
二月三〜五日	・一時帰島　滞在　神着地区　二二人
二月六日	・〃　日帰り　伊豆・伊ヶ谷地区　一三人
二月七〜八日	・〃　滞在　〃　三四人
二月七日	・村長・村議立候補者公開討論会

二月八日	新宿区津久戸小　東京青年会議所主催 ・村長・村議選挙告示（二／八～一五） 同投票日（二／一五）
二月一〇～一二日	・一時帰島　滞在　伊豆・伊ヶ谷地区　五一人
二月一三～一九日	・〃　〃　阿古地区　一七人
二月一三日	・〃　日帰り　〃　二一人
二月一五日	・村長・村議選挙投票日　約八〇％投票 即日開票　村長平野祐康・村議一〇人決定
二月二〇日	・一時帰島　日帰り　坪田地区　三四人
二月二〇～二三日	・一時帰島　滞在　坪田地区　四七人
二月二三～二六日	・〃　〃　〃　三八人
二月二七日	・〃　日帰り　神着地区　三〇人
二月二七～二九日	・〃　滞在　〃　三九人
二月二八日	・三宅高校三年生二三人、教職員付添いで母校訪問。
三月一～四日	・一時帰島　滞在　神着地区　一六人
三月五日	・三宅高校卒業式　二三人
三月五～七日	・一時帰島　滞在　伊豆・伊ヶ谷地区　四八人
三月八～一一日	・〃　〃　〃

	六五人
三月一三日	・都農業試験場研究成果発表（立川試験場）
三月一二～一四日	・一時帰島　滞在　阿古地区 七七人
三月一五～一八日	・〃　〃　神着地区 四二人
三月一九日	・〃　日帰り　坪田地区 四七人
三月一九～二二日	・〃　滞在　〃 九四人
三月一九日	・三宅村住民都立高校生学費免除（新年度より） ・三宅村三中学合同卒業式　九人
三月二七日	・平野村長三宅島視察、マスコミ同行。
三月二九日	・天皇・皇后両陛下、前・現村長皇居に招いて懇談。
三月三〇日	・収入役に元木正春就任。 ・雄山火口観測カメラ・地震計運用開始。 ・三宅島帰島最終報告書概要発表（内閣府・都・村）
三月三一日	・自然災害被災者生活再建支援法改正。 ・緊急雇用特別事業の補助が今年度で打切り。
四月一日	・村行政組織改正で帰島対策課設ける。
四月七日	・村立中学・都立三宅高校入学式（中学二人　高校九人） ・三宅島森林緑化マニアル策定（東京都）

	三宅高校・園芸高校協力
四月二〇日	・都議会議員三宅島視察・村長同行。
四月一七～二二日	・一時帰島　滞在　阿古地区 一泊　七〇人 三泊　五九人 五泊　三二人
四月二二日	・〃　日帰り　〃　四一人
四月二四～二九日	・〃　滞在　坪田地区 一泊　五〇人 三泊　七三人 五泊　二六人
四月二五日	・住民説明会（都庁）八王子・北区（四／二四）、江戸川区・立川など六カ所で計六七〇人。

	下田（五／一〇）八丈島（五／一二）三宅島（五／一五）でも次々実施。合計一〇カ所で七八〇人。
五月一日	・三宅島火山基本図発表（一／五〇〇〇国土地理院） ・雄山標高七七五・一mに。マイナス三八・六m　火口直径　東西一五七〇m、南北一七一〇m、深さ五一四・八m
五月七～一三日	・一時帰島　滞在　神着地区 一泊　六三人 三泊　六四人 五泊　二五人
五月八日	・第八回島民ふれあい集会　港区

	芝浦小　約一三〇〇人
五月一二日	・一時帰島　日帰り　神着地区 二三人
五月一四～一九日	・〃　滞在　伊豆・伊ヶ谷地区 一泊　五〇人 三泊　七八人 五泊　二九人
五月一七日	・三宅村全世帯主一六六二人に「帰島に関する意向調査」を郵送方式で開始。五月末期限（三宅村） ・福永都副知事、三宅島視察。
五月二〇日	・天皇・皇后両陛下、北区桐ヶ丘に三宅島避難者を慰労訪問（約一〇〇世帯二〇〇人） ・台風2号八丈島東を夜明け前通過。
五月二六日	・石原都知事、三宅島視察。
五月二七日	・一時帰島　日帰り　阿古地区 六四人
五月二八日	・緊急雇用対策で村道管理事業開始（六～九月）
五月二九日	・一時帰島　滞在　坪田地区 一泊　七一人 三泊　七二人 五泊　三四人
六月一日	・八丈島避難者の一時帰島で直行船便利用実現。 ・石原都知事、都議会で三宅島帰島について表明。 ・三宅島災害復興連絡会議設置（国・都・村）
六月三日	・一時帰島　日帰り　坪田地区

	五八人
六月五～一〇日	・一時帰島　滞在　神着地区 一泊　三二人 三泊　五七人 五泊　二八人
六月六日	・火山ガス高濃度地区住民説明会 都庁 （御子敷・三池・沖ヶ平・粟辺・薄木地区）
六月一〇日	・一時帰島　日帰り　神着地区 二〇人
六月一六日	・〃　〃　伊豆・伊ヶ谷地区　三一人
六月一八～二四日	・一時帰島　滞在　阿古地区 一泊　四八人 三泊　六二人 五泊　三五人
六月二三日	・一時帰島　日帰り　阿古地区 四九人
六月三〇日	・予知連、統一見解発表。

参考文献

雲仙普賢岳　島原普賢会編　平成12年　非売品
火山の話　中村一明　岩波新書　１９９８年　６６０円
火山はすごい　鎌田浩毅　ＰＨＰ　平成14年　７４０円
地震と噴火の日本史　伊藤和明　岩波新書　平成14年　７００円
世界（雑誌）　２００２年10月号　三谷彰　岩波書店　７８０円
「全島避難から二年・三宅島々民の今」
地理（雑誌）　２００３年1月　古今書院　「三宅島は今」　１２００円
日本活火山総覧　気象庁　平成8年　２５００円
法然（雑誌）第九号　西田書店　「帰島を夢見て」　松本進一　平成14年　７００円
三宅島災害・東京ボランティア支援センターからの報告　同センター　２００２年　非売品
三宅島史　三宅村　昭和57年　非売品
三宅島・島民たちの一年　三谷彰　岩波ブックレット　２００１年　４４０円
三宅島災害への取組み（中間報告）　東京郵政局　平成12年　非売品
三宅島噴火と広域大気汚染　大気環境学会　２００１年　非売品
三宅島歴史年表　浅沼悦太郎　島の新聞社　１９７４年　７００円

三宅島「火山土地条件図」　国土地理院　平成7年
三宅島火山基本図　1／5000　国土地理院　平成16年　3540円
公報みやけ　三宅村　平成12年8月以降　毎月　非売品
三宅村現地対策本部報告　同本部　「三宅島の現状」その7以降13年5月25日より　月二回
　非売品
みやけの風　三宅島支援ボランティアセンター、平成12年10月16日より　毎月二回　非売品
その他
朝日新聞、東京新聞、東京七島新聞、毎日新聞、読売新聞、共同通信社他各社記事
NHKテレビ、東京MXテレビ他各社ニュース
三宅島関連各種講演会、シンポジュウム、関連学会資料

著者プロフィール
村 榮（むら しげる）
昭和７年（1932年）旧中国で生まれ、大連で育つ。
敗戦で石川県辰口町に引き揚げる。
県立小松中学、高校を終えて上京する。
昭和34年東京学芸大学を卒業する。
同年神奈川県職員となり、同39年退職する。
昭和42年東京都の教員となり、三宅島に渡る。
小学校を経て都立三宅高校に移る。
その後、東京大学理学部に留学し、三宅高校に戻り、昭和62年退職する。
現在、東京都に避難中
著書「三宅島今様流人ぐらし」（文芸社）

三宅島 噴火避難のいばら道 —あれから４年の記録—

2005年２月15日　初版第１刷発行
2005年２月25日　初版第２刷発行
著　者　村 榮
発行者　瓜谷 綱延
発行所　株式会社文芸社
〒160-0022　東京都新宿区新宿１－10－１
電話　03-5369-3060（編集）
03-5369-2299（販売）

印刷所　株式会社 ユニックス

ISBN4-8355-8677-8